MEG ROSENBRIAR

DIE HEILENDE MACHT DER Witchcraft

MEG ROSENBRIAR

DIE HEILENDE MACHT DER

RITUALE UND ZAUBERSPRÜCHE FÜR EIN LEBEN IM EINKLANG MIT DEM UNIVERSUM

Aus dem Amerikanischen
von Marco Mewes

Die amerikanische Originalausgabe erschien 2020 unter dem Titel
»The Healing Power of Witchcraft« bei Zeitgeist,
a division of Penguin Random House LLC, New York.

Penguin Random House Verlagsgruppe FSC® N001967

1. Auflage

Covergestaltung: Nadine Clemens, unter Verwendung
eines Motivs von © Shutterstock/Peratek
Redaktion: Carla Felgentreff
Illustrationen Innenteil: Meredith Smallwood
Layout: Aimee Fleck
Satz: Uhl + Massopust, Aalen
Druck und Bindung: CPI books GmbH, Leck
Printed in Germany

ISBN 978-3-517-30322-2

Für die Kents und die Rosys.
Möget ihr ewig jung bleiben.

Inhalt

Herzlich willkommen

Willkommen in der magischen Welt der Witchcraft. Ich bin Meg, in den sozialen Medien auch als die »Witch of the Shoreline« bekannt. Ich habe mich einem bewussten Lebensstil und der Heilung durch angewandte Magie verschrieben. Auch wenn ich einen Bachelor- und Masterabschluss in Religionswissenschaften habe, fand ich die wichtigsten Lektionen fürs Leben und meine persönliche Entwicklung am Hexenaltar. Als freifliegende Hexe sammelte ich meine ersten Witchcraft-Erfahrungen, indem ich begann, mich mit mir selbst zu beschäftigen und eine Verbindung zu den Zyklen der Natur aufzubauen. Mit dem Wachstum meines inneren Hexenwissens geschah etwas Kraftvolles. Ich fühlte mich meinen Nachbarn verbundener, ebenso meinem Umfeld und dem ganzen Planeten. Ich stelle immer wieder fest: Je mehr Hexenenergie ich selbst anwende, desto mehr kann ich anbieten und mit anderen teilen, um ihnen zu helfen.

Ich glaube, dass wir alle die Macht besitzen, uns selbst, unser Umfeld und den Planeten durch Magie zu heilen. Hexende kanalisieren diese Macht durch bewusste Zauber,

Rituale und Reflexion. In Teil 1 werde ich euch helfen, euren eigenen, wunderbaren Pfad der Witchcraft zu beschreiten, indem ich euch das Grundwissen vermittle, das ihr benötigt, um euch mit heilender Magie zu beschäftigen. Anschließend erhaltet ihr in den Teilen 2 bis 4 konkrete Beispiele angewandter Magie, die ihr für eure Heilarbeit nutzen könnt. Und auch wenn selbstverständlich niemand deswegen auf eine traditionelle medizinische Versorgung verzichten oder eine laufende Behandlung abbrechen oder abändern sollte, ohne zuvor mit einem Arzt darüber zu sprechen, kann dieses Buch als alternativer, ganzheitlicher Ansatz für geistiges und körperliches Wohlbefinden dienen. Die hier vorgestellten Witchcraft-Praktiken wurden modernisiert, aktualisiert und speziell für viel beschäftigte Hexende unserer modernen Zeit entwickelt.

Dieses Buch ist ein leicht verständlicher Führer für Hexende aller Erfahrungsstufen, egal ob ihr noch am Anfang steht oder schon fortgeschritten seid. Wir nutzen leicht zugängliche, kostengünstige Zutaten. Die einfachen magischen Zutaten, die ihr benötigt, sind herkömmliche Pflanzen, Kräuter und Gewürze, mit denen neue Hexende ihr Handwerk kennenlernen können. Aufwendigere magische Zutaten wie Kristalle und ätherische Öle finden ebenfalls Anwendung, um eure Praktiken an moderne Wellness-Methoden anzupassen, die ihr vielleicht schon als hilfreich empfunden habt. Erfahrene Hexende können diese breite Perspektive und den intuitiven Aufbau des Buches nutzen, um ihre bereits erprobten Praktiken zu stärken und auszubauen. Alle Hexenden, die dieses Buch lesen, werden erkennen, wie einflussreich schon eine einzige hexende Person dabei sein kann, die Welt zu heilen.

Bei der Anwendung von Witchcraft geht es gleichermaßen um den Weg wie um das Ziel. Ich wünsche euch viel Frieden und Erfolg auf eurer ganz eigenen, einzigartigen Reise zur heilenden Witchcraft. So soll es sein.

Hexende kreieren ihre eigene Form von Magie, indem sie ihr eigenes Selbst und den universellen Zyklus, dessen Teil sie sind, bewusst erleben. Fangen das eigene Ich oder die Umgebung an zu kränkeln oder aus der Balance zu geraten, spüren Hexende das. Wie schon Ray Bradbury sagte: »Eine Hexe wird aus den wahren Nöten ihrer Zeit geboren.«

Die gute Nachricht ist: Alle Hexenden haben die angeborene Fähigkeit, Heilmagie anzuwenden. Sie können alle möglichen Wege einschlagen, um ihre Witchcraft zu nutzen, aber wer sie wirklich weise anwendet, weiß, dass Magie dann am mächtigsten ist, wenn sie häufig, gesund und ganzheitlich genutzt wird. Und darum bin ich fest davon überzeugt, dass Hexende davon profitieren, heilende Magie anzuwenden.

Hexende wissen, dass ihre Intuition und ihre Absichten für sich bereits sehr mächtig sind, sie wissen aber auch, dass magische Hilfsmittel wie Kräuter, Öle, Zaubersprüche und Timing ihre Magie unterstützen. Darum gilt: Auch wenn man einfach nur durch Willenskraft heilen kann, sollte man sich, um wirklich hexen zu können, mit den Elementen und Prinzipien vertraut machen, die unsere Magie noch stärker machen. Dieser Abschnitt des Buches lehrt euch alles, was ihr wissen müsst, um erfolgreich zu heilen.

TEIL 1

Witchcraft und Heilung

So nutzt ihr eure Kraft zur Heilung

Witchcraft ist die Anwendung von Magie. Und Magie bedeutet, Energien anzuzapfen, um etwas zu verändern. Unser Universum wird von einander kreuzenden Energien und ihren metaphysischen Eigenschaften beherrscht. Witchcraft bietet euch Zugang zu diesen Energien, um die Welt dadurch zum Besseren zu verändern. Und heilende Witchcraft ist die Verwandlung oder Vertreibung von ungewollten Energien mit dem Ziel, etwas zu verbessern, zu reparieren, zu stärken oder wieder ganz zu machen. Wenn alte, schlechte Energien durch neue, gesunde Energien ersetzt werden, bedeutet das, eine Person oder Situation heilt. Das, meine lieben Hexenden, meinen wir, wenn wir von echter Magie sprechen.

Die heilende Kraft der Witchcraft speist sich aus zwei Quellen – den Hexenden und dem Universum. Die Hexenden sind das Medium, die Erschaffenden. Das Universum liefert die Zutaten und das Rezept für unseren Erfolg. Dieses Kapitel begleitet euch durch die Grundlagen der Witchcraft und schenkt euch das Gerüst für die späteren Zauber und Rituale. Lasst uns damit beginnen, dass wir die sieben Grundsätze der Witchcraft erkunden, die sich alle Hexenden zu eigen machen sollten, wenn sie die bestmöglichen, positiven Ergebnisse ihrer Magie erzielen wollen.

DIE SIEBEN GRUNDSÄTZE DER HEXENKUNST

Hexende verschreiben sich den Grundsätzen ihrer Kunst, um konstant mächtige Magie ausführen zu können. Natürlich sind die Wege der Hexenden so facettenreich wie die Hexenden selbst. Dennoch will ich euch diese sieben Leitsätze als gute Rahmenbedingungen für ein Leben mit Magie mitgeben.

VERBINDUNG ZU SICH SELBST

Über dem Eingang zum uralten Tempel von Delphi sind zwei altgriechische Wörter in den Stein gehauen: Gnothi seauton – »Erkenne dich selbst«. Dieser Satz überdauert seit der Antike und gilt heute ebenso wie damals. Ihr selbst seid euer mächtigstes Werkzeug. Es sind eure Intuition, eure Weisheit und eure Erfahrung, die all eure magischen Bemühungen antreiben. Darum ist es so wichtig, dass ihr euch selbst gut kennt. Sobald ihr herausgefunden habt, wer ihr seid – abseits von dem, was die Gesellschaft euch vorschreibt, wer ihr zu sein habt, und abseits der traumatischen Erfahrungen, die ihr gemacht habt –, habt ihr die echte Quelle der Hexerei in euch gefunden. Und ECHTE Hexende können auch ECHTE Magie wirken.

Wie gelingt euch das? Mit Sicherheit nicht über Nacht! Denkt daran, euch Zeit zu lassen. Sein eigenes Ich zu erforschen, oft auch »Schattenarbeit« genannt, kann unangenehm und eine Herausforderung sein. Doch es ist auch unglaublich befreiend und eine lebensverändernde Erfahrung. Ich kann euch sagen: Je echter die Hexenden sind, desto glücklicher sind sie.

Hier sind ein paar Tipps, wie ihr anfangen könnt, euch selbst kennenzulernen:

- Beschäftigt euch mit eurem Geburtshoroskop. Viele Seiten im Internet erstellen es kostenlos, und es gibt viele Bücher, die euch helfen, es zu verstehen. Die Planetenstellungen zum Zeitpunkt eurer Geburt zu kennen, kann sehr informativ sein.
- Probiert andere gut erforschte Persönlichkeitsmodelle wie den Myers-Briggs-Typenindikator oder das Enneagramm. Vergleicht sie miteinander. Welche Gemeinsamkeiten seht ihr? Auf welche Bereiche seid ihr stolz? An welchen müsst ihr noch arbeiten? Wiederholt diese Tests im Laufe eures Lebens, um herauszufinden, ob sich etwas verändert hat.
- Tagebücher, Meditation, Yoga, Kochen, kreative und künstlerische Tätigkeiten sind ebenfalls tolle Mittel, um sich selbst kennenzulernen.

VERBINDUNG ZUR NATUR

Die Natur ist euer Führer in die Welt der Magie. Alles, was wir benötigen, um unsere Wünsche wahr werden zu lassen, finden wir in dem gigantischen Netzwerk an Energie, aus dem unser Universum besteht – auch wir selbst. Darum ist es für erfolgreiche Heilung so wichtig, die Zyklen und Eigenschaften unseres physikalischen Universums zu kennen. Die physikalische Welt auf der Erde bezeichnen wir als Natur und die des Himmels als Kosmos. Beide haben ihre eigenen Zyklen, die einander überschneiden.

Um eine Verbindung zum Kreislauf der Jahreszeiten auf Erden aufzubauen, feiern Hexende acht Sabbate oder Feiertage, das sogenannte Jahresrad. Es beginnt mit Samhain (Halloween) als Neujahrstag der Hexenden und folgt den Veränderungen der Jahreszeiten, markiert Anfänge und Enden. Hier ist eine kurze Tabelle der acht Sabbate, der Tage, an denen sie üblicherweise stattfinden, und der Jahreszeit, die sie ankündigen.

Ich habe jeweils Themen, Farben und Symbole mit aufgelistet, die ihr zur Dekoration auf eurem Altar oder in eurem Zuhause verwenden könnt, um die Energien jedes Sabbats in eure Umgebung fließen zu lassen. Beachtet bitte, dass die genauen Daten der Sabbate jedes Jahr etwas abweichen können. Durch das Feiern dieser Schlüsselfeste können Hexende Veränderung zelebrieren, das Alte abwerfen und das Neue annehmen.

SABBAT	DATUM	MARKIERT
SAMHAIN	31. Oktober	Hexen-Neujahr
JUL (WINTERSONNEN-WENDE)	21. Dezember	Winteranfang
IMBOLC	1. Februar	Mittelpunkt zwischen Winter und Frühling
OSTARA (FRÜHLINGS-TAGUND-NACHTGLEICHE)	20. März	Frühlingsanfang
BELTANE	1. Mai	Mittelpunkt zwischen Frühling und Sommer
LITHA (SOMMER-SONNENWENDE)	21. Juni	Sommeranfang
LAMMAS ODER **LUGHNASADH**	1. August	Mittelpunkt zwischen Sommer und Herbst
MABON (HERBST-TAGUND-NACHTGLEICHE)	23. September	Herbstanfang

Fokus	Farben	Symbole
Dritte Ernte, Beendigungen, Kontakt mit der Geisterwelt	Orange, Schwarz, Purpur	Kürbisse, Blätter, Eicheln, Schleier
Wiedergeburt	Rot, Grün, Silber, Gold, Weiß	Immergrün, Kiefernzapfen, Stechpalmen, Julscheite
Erstes Fruchtbarkeitsfest, Hoffnung	Grün, Weiß, Rot	Kerzen, Flammen, Kessel, Schneeglöckchen
Zweites Fruchtbarkeitsfest, Anfänge	Grün, Gelb, Pink, Weiß, Lavendel	Eier, Tierbabys, Pflanzensprossen
Drittes Fruchtbarkeitsfest, Sexualität	Grün, helle Farben	Blumengestecke, grünes Laub
Dualität, Gleichgewicht	Grün, Gelb, Gold, Rot	Sonnenblumen, Bienen, Schmetterlinge
Erste Ernte, Sicherheit	Gelb, Braun, Gold	Brotlaibe, Strohpüppchen
Zweite Ernte, Überfluss	Gold, Orange, Braun, Rot, Dunkelgrün	Früchte, Nüsse, Getreidekörner

VERBINDUNG ZUM KOSMOS

Hexende kennen ihren Platz im Universum. Sie sind nicht einfach nur eine losgelöste Einheit, sondern tief mit den Bewegungen der Himmelskörper verbunden. Sonne und Mond beeinflussen die Hexenden, ihre Kräfte und ihre Arbeit. Durch ein bewusstes Leben im Einklang mit diesen Bewegungen stärken Hexende sich selbst und ihre Magie. Ja, man kann auch Zauber durchführen, ohne sich an die Richtwerte zu halten, die der Kosmos uns bietet. Und das muss nicht einmal schlecht sein. Dennoch ist es bedeutend klüger, seine Zauber mit der kosmischen Energie in Einklang zu bringen, weil das eure Witchcraft deutlich stärker macht. Wer sich vorher informiert, wo Sonne und Mond stehen, kann leicht die wirkungsvollsten Zauber für diese Zeit zusammenstellen.

DIE SONNE

Ihr kennt vermutlich die westlichen Tierkreiszeichen. Sie beginnen zur Frühlings-Tagundnachtgleiche im Zeichen des Widders. Während die Erde um die Sonne kreist, bewegt sich die Sonne durch die Tierkreiszeichen, wie in der folgenden Tabelle abzulesen ist. Jedes Tierkreiszeichen birgt seinen eigenen, einzigartigen Energiefluss und wurzelt in einem ganz bestimmten, übereinstimmenden Element: Feuer, Erde, Luft oder Wasser.

Tierkreiszeichen	Daten	Element
WIDDER	21. März bis 19. April	Feuer
STIER	20. April bis 20. Mai	Erde
ZWILLINGE	21. Mai bis 20. Juni	Luft
KREBS	21. Juni bis 22. Juli	Wasser
LÖWE	23. Juli bis 22. August	Feuer
JUNGFRAU	23. August bis 22. September	Erde
WAAGE	23. September bis 22. Oktober	Luft
SKORPION	23. Oktober bis 21. November	Wasser
SCHÜTZE	22. November bis 21. Dezember	Feuer
STEINBOCK	22. Dezember bis 19. Januar	Erde
WASSERMANN	20. Januar bis 18. Februar	Luft
FISCHE	19. Februar bis 20. März	Wasser

DER MOND

Der Mond wandert in derselben Reihenfolge durch die Tierkreiszeichen wie die Sonne, ist dabei aber schneller. Er wechselt alle zwei bis zweieinhalb Tage sein Tierkreiszeichen anstatt jeden Monat wie die Sonne. Und: Die kurzen Phasen, in denen der Mond in keinem Tierzeichen steht, nennt man »Mondpause«. Diese gelten gemeinhin als Ruhephasen, in denen keine Magie genutzt werden sollte, da die Energie in dieser Zeit chaotisch und kraftlos fließt.

Auch die Mondphase beeinflusst eure Magie. Unten findet ihr eine Liste mit Mondphasen und die dazu passenden Zauber. In diesem Buch werden wir uns vornehmlich auf die Phasen des Neumonds und des Vollmonds konzentrieren, aber viele der Zauber können auch in den zweiwöchigen Phasen des zu- oder abnehmenden Mondes durchgeführt werden. Denkt daran: Ihr müsst nicht darauf warten, dass der Mond in der richtigen Phase ist, um eure Zauber zu wirken. Der Mond ist in jeder Phase Teil eurer Magie. Außerdem liegt der Hauptteil der Magie in eurer Absicht. Sich im Einklang mit den Mondphasen zu bewegen, bedeutet lediglich einen einfacheren Weg zum Erfolg eures Zaubers.

NEUMOND: am besten bei Zaubern für Neuanfänge, neue Beziehungen, neue Geschäftsunternehmungen, neues Wissen, neue Erkenntnisse, um die Vergangenheit loszulassen

ZUNEHMENDER VIERTELMOND: am besten bei Zaubern für Familie, Lernen, Wachstum, das Festlegen von Zielen, zum Offenbaren von Wegen

ZUNEHMENDER HALBMOND: am besten bei Zaubern für Kraft, Beständigkeit, Ausdauer, Ziele und Erfolg

ZUNEHMENDER DREIVIERTELMOND: am besten bei Zaubern für Geld, Überfluss, Kompetenz, positive Veränderungen, robuste Gesundheit

VOLLMOND: am besten bei Zaubern für Heilung, Intuition und Hexenkraft

ABNEHMENDER DREIVIERTELMOND: am besten bei Zaubern zum Beenden schlechter Angewohnheiten und zum Beenden toxischer Beziehungen

ABNEHMENDER HALBMOND: am besten bei Zaubern für wiederherstellende Heilung, zum Verbessern angespannter Beziehungen, Hexenkraft in Heim und Küche

ABNEHMENDER VIERTELMOND: am besten bei Zaubern für erholsame Heilung, Selbstliebe und Verbannung

SICH DEM WISSEN UND LERNEN VERSCHREIBEN

Hexende wollen sich beständig weiterentwickeln und verändern. Einige lernen langsam, aber stetig, bleiben lieber bei dem, was sie bereits können, und reichern ihre Techniken mit bewusst ausgewählten Ideen an. Andere springen begierig von einem Thema zum nächsten und lernen alles, was sie in die Finger bekommen können. Vielleicht fallt ihr auch in die Mitte dieses Spektrums. Der Punkt ist: Stillstand hat in Witchcraft nichts zu suchen. So wie sich die Welt dort draußen verändert und weiterentwickelt, müssen das auch Hexende tun, um ihr Gleichgewicht und ihre Erkenntnisse zu bewahren. Und der Lohn dafür ist Weisheit – eine Eigenschaft, die nur noch von Erfahrung übertroffen wird.

EIN GESUNDER, BEWUSSTER LEBENSSTIL

Unsere Körper sind die Gefäße, durch die wir unsere Magie wirken. Diese Körper durch einen gesunden Lebensstil zu pflegen, ist eines der wichtigsten Ziele, um sicherzustellen, dass unsere Magie so mächtig wie möglich wird. Das bedeutet nicht, dass Hexende nicht auch mal ein Wochenende damit verbringen, sich mit Fast Food vollzustopfen und sämtliche Harry-Potter-Filme zu gucken. Doch das grundsätzliche Ziel von Hexenden besteht darin, ihre körperliche Gesundheit zu pflegen. Eine gesunde Ernährung, Dehnübungen, Sport und maßvoller Genuss helfen uns dabei, mehr Kraft in unsere Zauber zu legen.

Außerdem nutzen Hexende ihre Absichten dafür, ihre geistige Gesundheit zu verbessern. Den Augenblick zu genießen und bewusst zu leben bedeutet auch, sich mehr auf das Positive als das Negative zu konzentrieren. Ja, diese innere Einstellung ist extrem wichtig und machtvoll, aber bewusstes Leben heißt auch, loszulassen und zu akzeptieren. Statt Angst vor der Zukunft oder Reue über die Vergangenheit zu haben, sollte man den Moment so schön erleben wie möglich. Man nutzt seine Energien am besten, wenn man sich auf das konzentriert, was man in diesem Augenblick erreichen kann. Und natürlich ist Erneuerung ein weiterer bewusster Teil der Witchcraft, vergesst also nicht, auch Erholungspausen zu einem Teil eurer Tagesroutine zu machen.

EIN FRÖHLICHER, DAS LEBEN FEIERNDER LEBENSSTIL

Hexende wissen, welchen Wert es für ihre Magie hat, wenn sie den Augenblick genießen. Das heißt nicht, dass sie die Augen vor Leid oder Schmerz verschließen – ganz im Gegenteil. Hexende zelebrieren Erfolge, Meilensteine und Schönheit gerade wegen all des Schmerzes und des Leids um sie herum. Wenn wir tief empfinden wollen, uns weitläufig verbinden und gänzlich erneuern, dann ist eine positive Einstellung dem Leben gegenüber – trotz aller Widrigkeiten – eine wirklich magische Sache.

Euer Arbeitsweg ist vielleicht die Hölle, aber der Sonnenaufgang in der Ferne ist etwas wahrhaft Erstaunliches. Nein, der Sonnenaufgang entschädigt vermutlich nicht für die verstopften Straßen, das muss er auch nicht. Aber die Sonne ist immer da, treu und unerschütterlich bietet sie euch Beistand an, Kameradschaft und Inspiration. »Seht ihr, Hexende«, sagte die Sonne, »ich werde weiterhin aufgehen, und ihr werdet es weiterhin genießen.« Augenblicke wie dieser zeigen euch, wie ein fröhlicher Lebensstil eure Kanten abschleift und magische, heilende Schwingungen in euer Leben lässt.

FOLGT DEM DUALISTISCHEN ENERGIECODE

Und schließlich: Alle Hexenden beachten diesen uralten universellen Energiecode, der Hermes Trismegistos zugeschrieben wird, dem Vater der Hermetik:

Wie oben, so unten
Wie innen, so außen
Wie im Körper
So im Geist

Auf jede Aktion folgt eine Reaktion. Für jeden Makrokosmos gibt es einen Mikrokosmos. Für jede Seele gibt es einen Körper. Hexende versuchen, dieses Gleichgewicht zu ehren und ihm Raum zu geben, um zu wachsen und sich zu entfalten. Es ist ein geordneter Pfad und Hexende begrüßen dieses dualistische Wesen der kosmischen Ordnung, orientieren sich daran und statten ihre Magie dadurch mit großer Macht aus.

EUER PFAD ZUR WITCHCRAFT

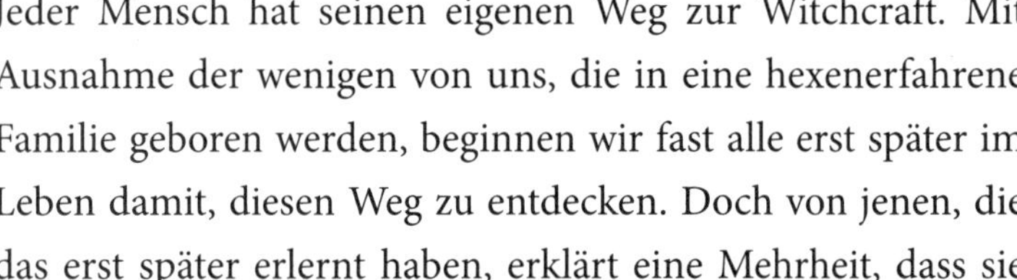

Jeder Mensch hat seinen eigenen Weg zur Witchcraft. Mit Ausnahme der wenigen von uns, die in eine hexenerfahrene Familie geboren werden, beginnen wir fast alle erst später im Leben damit, diesen Weg zu entdecken. Doch von jenen, die das erst später erlernt haben, erklärt eine Mehrheit, dass sie schon ein Leben lang die Bestimmung gespürt haben, sich der Witchcraft zu verschreiben, und einige der häufigsten Anzeichen dafür, dass auch ihr Berufene seid, sind folgende:

- Ihr verspürt eine besondere Verbindung mit dem Mond und den Sternen und schaut oft sehnsuchtsvoll zu ihnen hinauf wie zu guten Freund*innen.
- Tiere fühlen sich zu euch hingezogen, Marienkäfer und Schmetterlinge landen auf euch, und Streuner suchen eure Gesellschaft.
- Ihr spürt eine tiefe Verbundenheit mit den Jahreszeiten, der Natur und den Pflanzen.

- Ihr habt den Drang, Muscheln, Steine, Knochen, Kristalle und andere Geschenke der Erde zu sammeln.
- Ihr seid sehr empathisch oder hochsensibel.
- Wasser beruhigt euch, ob ihr darin untertaucht oder auch nur in seiner Nähe seid.
- Ihr bemerkt Muster in Zahlen oder anderen scheinbar zufälligen Ansammlungen von Elementen.
- Ihr habt eine starke Intuition oder Welteinsicht.
- Moderne, patriarchalische Religionen bieten euch nichts mehr.
- Ihr bildet euer Umfeld aufgrund von Gemeinsamkeiten, nicht von Hierarchien.
- Ihr fühlt euch dazu berufen, anderen zu helfen und sie zu heilen.

WELCHER HEXENTYP SEID IHR?

Eine Internetsuche wird euch Hunderte Listen mit verschiedenen Hexentypen liefern. Und vermutlich ist es wichtig, dass ihr euch irgendwo verorten könnt. Hier findet ihr eine kurze Liste von üblichen Hexentypen, um euch eine gute Einführung zu geben, während ihr euren eigenen Typ herausfindet.

ELEMENTARHEXENDE: arbeiten mit einem Element oder einer Kombination von Elementen (Erde, Luft, Wasser, Feuer)

KOSMISCHE HEXENDE: arbeiten mit Astrologie, den Zyklen von Sonne und Mond und Horoskopen

GLAMOURHEXENDE: arbeiten mit Liebe, Schönheit, Selbstliebe und Verzauberungen

HECKENHEXENDE: einzelgängerische Heilende, arbeiten mit Kräutern und Pflanzen, Hellsehen und Schwellenerfahrungen

GRÜNE HEXENDE: umsorgen Pflanzen, die Natur und Gärten und kreieren natürliche Wellness-Tinkturen

KÜCHENHEXENDE: kochen mit magischen Zutaten und magischen Plänen

HAUSHEXENDE: Hausfrauen und -männer mit magischen Absichten

EKLEKTISCHE HEXENDE: ein moderner Ausdruck, um Hexende zu beschreiben, die sich aus mehreren unterschiedlichen Richtungen bedienen

Diese Liste ist nicht vollständig und viele Hexende bewegen sich in ganz verschiedenen Formen der Witchcraft, was sich im letzten Typus, den eklektischen Hexenden, niederschlägt. Dieses Buch widmet sich bewusst all diesen Hexentypen, und zwar weil alle Typen heilende sind. Hexende wollen ihren Weg mit mehr Verbundenheit und mehr Gesundheit gehen, egal ob mit Kristallmagie, Liebesmagie, Beschwörungsmagie, spiritueller Beratung, Kräutermagie oder etwas völlig anderem. Dieses Buch hilft all diesen Hexentypen auf ihrem gewählten Pfad.

FREIFLIEGENDE HEXE ODER COVEN?

Freifliegende Hexende praktizieren ihre Witchcraft traditionellerweise allein, während sich in einem Coven mehrere Hexende zusammengefunden haben, um gemeinsam ihre Magie auszuüben. Alle Hexenden können selbst entscheiden, welchen Weg sie bevorzugen. Im heutigen Informationszeitalter sind selbst Hexende, die lieber allein arbeiten, durch soziale Medien und aktuelle Trends beeinflusst. Und genauso haben auch Hexende, die in einem Coven organisiert sind, Zugriff auf Witchcraft-Material außerhalb ihrer eigenen Gruppe – in Form des großen Zauberbuchs »Google«. Die schiere Zugänglichkeit, welche unsere moderne Welt der Witchcraft beschert hat, bietet eine ganz neue Flexibilität zwischen freifliegend und Coven.

Mein Ratschlag an Baby-Witches lautet, diese Zweiteilung zu ignorieren und sich darauf zu konzentrieren, Leute mit denselben Interessen zu finden, mit denen man gemeinsam Erfahrungen sammeln kann. Die sozialen Medien haben es einfacher gemacht, hexende Freund*innen zu finden, als je zuvor in der Geschichte. Sucht euch Hashtags auf Instagram, die euch ansprechen, so etwas wie #Witchy oder #Crystals, und schaut, was die Leute, die diese Hashtags benutzen, zu sagen haben. Unterhaltet euch mit ihnen und trefft Kolleg*innen. Während wir unsere veralteten Vorstellungen von »Gemeinschaft« anpassen, vor allem den Coven, passen wir auch die Freiheit der Einzelnen an, die effektivsten Methoden für ihre Witchcraft zu suchen. Findet eure Leute und lernt sie kennen. Verbündet euch, falls ihr glaubt, dass das eure Magie stärkt.

DIE MENTALE EINSTELLUNG ZUM HEXEN

Damit Zauber ihre maximale Wirkung entfalten können, muss die Person, die sie anwendet, einen offenen, ruhigen Geist und eine positive Einstellung haben. Unsere Gefühle sind mit Energie geladen, und wenn wir diese Gefühle nicht unter Kontrolle haben, beeinflussen ihre Energien unsere Magie stärker, als uns lieb ist. Nehmt euch darum, bevor ihr einen Zauber nutzt, die Zeit, euch mit ein paar tiefen Atemzügen oder meditativen Methoden runterzuholen. Vor allem durch Meditation lernen wir, unsere Gedanken zu steuern und Frieden aufkommen zu lassen. Da es bei Witchcraft vor allem darum geht, Energien gezielt zu lenken, ist euer mentaler Zustand von größter Bedeutung.

KLARE, MACHTVOLLE ABSICHTEN DEFINIEREN

Sobald ihr innerlich ruhig und bereit zum Zaubern seid, besteht der erste Schritt darin, eurem Zauber eine klare, machtvolle Absicht zu geben. Ihr solltet genau formulieren, was ihr mit eurem Zauber erreichen wollt. Das hilft dem Universum zu verstehen, welche Art von Energie ihr zu nutzen versucht. Und auch ihr habt eure eigenen Wünsche und Erwartungen so deutlicher vor Augen. Ein Beispiel für eine klare, machtvolle Absicht wäre etwa: »Ich spreche diesen Heilzauber, um meine Aufregung zu senken, damit ich heute Nacht besser schlafen kann.« Diese Art der Formulierung ist sehr viel besser als ein: »Gott, hoffentlich bringt dieser Beruhigungsspruch irgendwas.« Ihr werdet sehen, eure Macht wird exponentiell steigen, sobald ihr beginnt, eure Absichten zu verfeinern.

EIN GUT AUSGESTATTETER ALTAR

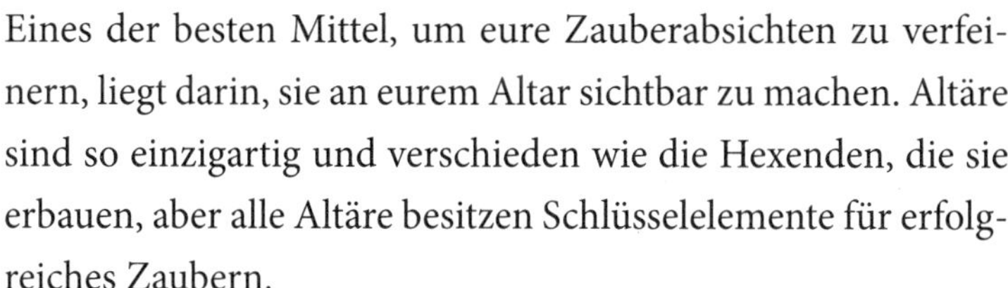

Eines der besten Mittel, um eure Zauberabsichten zu verfeinern, liegt darin, sie an eurem Altar sichtbar zu machen. Altäre sind so einzigartig und verschieden wie die Hexenden, die sie erbauen, aber alle Altäre besitzen Schlüsselelemente für erfolgreiches Zaubern.

ORT

Sucht für euren Altar einen Ort, der sowohl praktisch als auch bedeutsam ist. Achtet darauf, dass ihr euren Altar abseits des alltäglichen Haushaltsbetriebs und außerhalb der Reichweite von neugierigen Händen aufstellt. Und: Dieser Ort ist heilig! Wählt also eine Stelle, die euch Macht gibt. Vielleicht eine gemütliche Ecke eures Schlafzimmers oder ein Platz an einem großen Fenster. Wo auch immer ihr euch besonders inspiriert fühlt.

ARBEITSFLÄCHE

Altäre sind oft wunderschön, aber in erster Linie sind es Arbeitsplätze. Plant also genug Platz für alle eventuell anfallenden Arbeiten ein, wie das Zerstoßen von Kräutern, das Legen von Tarotkarten oder das Bauen eines Crystal Grids, also eines Edelstein-Mandalas.

DIE VIER ELEMENTE

Hexende nutzen die vier Elemente, um ihre Zauber mit Energie zu füllen. Darum sollten Altäre die Elemente mit Symbolen ehren. Mögliche Symbole für die einzelnen Elemente wären etwa:

LUFT: Zauberstab, Feder, Glöckchen, Bücher, Düfte
FEUER: Kerze, Athame, Phallus, Pyramide, Asche
WASSER: Kelch, Schale, Kristallkugel, Mondwasser, Muschel
ERDE: Pentagramm, Münze, Stein, Pflanze, Blume, Knochen, Samen

Kerzen sind eines der nützlichsten Werkzeuge der Witchcraft, weil sie alle vier Elemente verkörpern: das Feuer in der Flamme, die Erde im Docht, das Wasser im schmelzenden Wachs und die Luft im Rauch.

VERKÖRPERUNGEN

Auch wenn es nicht zwingend nötig ist, ist es nützlich, euren Altar mit Verkörperungen zu bestücken. Das bedeutet, ihr

schmückt euren Altar mit Objekten, die die Absichten eurer Zauber repräsentieren – oder eben verkörpern.

Wenn ihr zum Beispiel einen Zauber für Selbstliebe ausführt, verstärkt es die Wirkung, wenn ihr einen Rosenquarz auf euren Altar legt, denn der Rosenquarz verkörpert Selbstliebe. Ihr werdet feststellen, dass die Suche nach geeigneten Altarverkörperungen euer Wissen über die verschiedenen Energien möglicher Zutaten extrem erweitern wird.

WÄHLT EURE ZAUBERFORM

Ihr habt also euer Ich mit der Natur verbunden. Eure Gedanken sind rein, euer Altar bereit. Welche Form von Zauber solltet ihr nun anwenden? Im nächsten Kapitel beschäftigen wir uns damit, wie man sich auf einen Heilzauber vorbereitet. Bevor wir das tun, sollten wir jedoch noch ein paar unterschiedliche Formen von Zaubern kennenlernen, damit ihr eure Vorbereitungen entsprechend anpassen könnt.

RITUALE: Ein Ritual ist eine Abfolge im Voraus geplanter magischer Schritte, die eine bestimmte Energie heraufbeschwören. Rituale sollen justieren, reinigen und verstärken, ihr Ziel liegt weniger darin, etwas zu verändern.

TALISMANE: Talismane sind Gegenstände, oder Gruppen von Gegenständen, die eine bestimmte Form von Energie verkörpern. Talismane ziehen die Energie dessen an, woraus sie bestehen.

ZAUBERSPRÜCHE: Sprüche sind eine aktive, bewusste Manipulation der natürlichen Energie als Mittel zum Zweck.

MISCHUNGEN: Mischungen werden aus magischen Zutaten zusammengerührt, um gezielte Veränderungen zu bewirken.

INDIVIDUELLE MAGIE ODER SYMPATHISCHE MAGIE

In Teil 2 findet ihr Zauber, um euren Körper und Geist zu heilen, und zwar mithilfe von individueller Magie, denn ihr selbst seid das Ziel dieser Magie. Die Teile 3 und 4 liefern euch Zauber, mit denen ihr eurem Umfeld und dem Planeten helfen könnt. Diese Magie wirkt ihr für sie, darum wird sie sympathische Magie genannt. Manche sprechen auch von Analogiezauber. Und keine Sorge, Hexende, die sich selbst geheilt haben, besitzen alles, was sie brauchen, um andere bei ihrer Heilung zu unterstützen. Sympathische Magie zeigt euch, wie ihr Zauber für andere anwendet.

NUTZT EURE MACHT

In diesem Kapitel habt ihr die Grundlagen für erfolgreiche, heilende Witchcraft erhalten. Während ihr diese Informationen verdaut, solltet ihr nicht vergessen, dass der Weg zur Witchcraft lang und kurvenreich ist. Erwartet nicht, dass ihr das über Nacht beherrscht, und schon gar nicht, direkt zum Profi zu werden. Außerdem solltet ihr euch vor Augen halten, dass alles Lesen der Welt kein Ersatz dafür ist, die Ärmel hochzukrempeln und echte, praktische Magie anzuwenden. Seid ihr bereit loszulegen, ihr Hexenden?

Vorbereitungen für eure Heilarbeit

Ein entscheidender Teil der Witchcraft ist es, euch selbst und euren Arbeitsplatz auf das Heilen vorzubereiten. Stellt euch einfach vor, dass ihr mit eurer Vorbereitung bereits eure Absicht erklärt: Während ihr eure Mittel und Zutaten auswählt und bereitlegt, beginnt euer Geist, sich auf die Eigenschaften des Zaubers vorzubereiten und die Energien zu aktivieren, die ein erfolgreicher Zauber braucht. Im vorigen Kapitel haben wir die Grundkenntnisse der Witchcraft kennengelernt. In diesem Kapitel konzentrieren wir uns darauf, wie wir uns mithilfe dieses Grundwissens sowohl praktisch als auch mental auf unsere Heilarbeit vorbereiten.

Auf den folgenden Seiten erkläre ich euch die Basics der gängigsten magischen Heilwerkzeuge und Zutaten, darunter Kräuter, Gewürze, Kristalle und ätherische Öle. Außerdem zeige ich euch wichtige Techniken wie das Erden und das Steigern von Energien, um die optimale Zauberkraft zu entwickeln. Und sobald euch die Werkzeuge und Techniken der

Witchcraft vertraut sind, wird es Zeit, ein paar Heilzauber anzuwenden.

DER HEXENSCHRANK

Während ihr euren Weg als Heilende geht, werdet ihr unweigerlich eine Fülle von magischen Zutaten und wichtigen Gegenständen ansammeln, die euch bei euren Zaubern helfen. Für dieses Buch habe ich zehn Kräuter ausgewählt, zehn Gewürze, zehn Kristalle und zehn ätherische Öle, mit denen ihr anfangen könnt. Diese Zutaten sind einfach zu benutzen, überall zu finden und in der Witchcraft sehr verbreitet. Außerdem benötigen wir noch einige normale Haushaltsgegenstände bei den bevorstehenden Zaubern. Also kramen wir mal im Hexenschrank und beginnen mit den Grundzutaten, die alle Hexenden zu Beginn brauchen.

DIE GRUNDZUTATEN

Besorgt euch zu Anfang die Grundwerkzeuge für erfolgreiche Witchcraft. Folgende sieben Dinge solltet ihr immer in eurem Hexenschrank haben:

WEISSE KERZEN: Kerzen sind ein magisches Universalmittel, weil sie alle vier Elemente verkörpern. Und Weiß ist die universelle magische Farbe. Eine weiße Kerze kann den Platz jeder farbigen Kerze in einem Zauber einnehmen. Der Einfachheit halber sind alle Kerzen in diesem

Buch weiß. Ich empfehle normale Tafel- oder Spitzkerzen, denn sie sind klein, leicht zu benutzen und brennen schnell runter.

SALZ: Salz absorbiert negative Energie, erdet, grenzt ab und schützt. In diesem Buch nutze ich normales weißes Speisesalz, Ausnahmen erwähne ich gesondert.

ROSMARIN (Kräuter und Öl): Wie die weißen Kerzen ist Rosmarin ein Universalmittel für Hexende. Ihr könnt es anstelle jedes anderen Krauts oder Öls in Zaubern verwenden.

BERGKRISTALL: Wie bei Rosmarin und weißen Kerzen dient Bergkristall als Universalkristall. Ihr könnt ihn anstelle jedes anderen Kristalls benutzen, den ihr nicht zur Verfügung habt.

KESSEL: Ihr braucht ein sicheres Gefäß, in dem ihr Feuerzauber anwenden und Wasser für verschiedene Rituale und Zauber aufbewahren könnt. Falls ihr keinen Kessel habt, tut es auch eine hitzebeständige Schale.

ATHAME: Ein Athame, oder Ritualmesser, ist nützlich, wenn ihr magische Zutaten segnen, schneiden oder gravieren möchtet. Außerdem verkörpert ein Athame das Element Feuer auf einem Altar, was vor allem dann praktisch ist, wenn offenes Feuer oder Rauch nicht ratsam sind.

GLÄSER UND BEHÄLTER: Eine Nebenwirkung echter Witchcraft besteht darin, dass man eine Vielzahl magischer Zutaten ansammelt. Hebt also leere Gurkengläser und Kaffeedosen auf und sucht euch ein paar Weckgläser, in denen ihr eure magischen Schätzchen sammeln könnt.

KRÄUTER

Kräuterkunde ist eine der wirksamsten Heilmethoden, die es gibt, wie Tausende Jahre Forschung und medizinische Anwendung unserer heilenden Vorfahren beweisen. Manche Pflanzen besitzen Eigenschaften, die medizinisch genutzt werden können, je nachdem, wie sie zubereitet und angewendet werden. Aber wusstet ihr, dass diese Pflanzen auch metaphysische Heileigenschaften haben? Betrachtet einmal die Vernetzung von Natur und den Elementen. So wie eine Pflanze physische Eigenschaften besitzt, an der wir sie erkennen können – etwa die Blattform, ihren Duft, Wachstumseigenschaften und medizinische Anwendungsgebiete –, so besitzt jede Pflanze auch magische Heileigenschaften, die wir für unsere Zauber nutzen können.

Die aufgelisteten zehn Anfängerkräuter findet ihr in jedem Supermarkt und Gartencenter. Ihr könnt diese Kräuter getrocknet oder als ganze Pflanze kaufen. Falls ihr gerade erst mit Witchcraft beginnt, empfehle ich euch, alle aufgelisteten Kräuter in getrockneter Form zu besorgen, damit ihr sie bei Bedarf parat habt. Etwas später könnt ihr anfangen, die Pflanzen selbst zu ziehen. Alternativ bieten viele Geschäfte frisch geschnittene Kräuter an, meistens bei den Salaten. Auch das ist eine tolle Möglichkeit, an frische Blätter und Zweige zu kommen, ohne dass ihr die ganze Pflanze benötigt. Ihr könnt sie sogar kaufen, wenn ihr sie nicht braucht, und für den späteren Gebrauch trocknen. Achtet darauf, eure getrockneten Kräuter an einem kühlen, trockenen und dunklen Ort aufzubewahren, damit sie wirksam bleiben.

Aber egal wie ihr die Kräuter in eure magischen Hände kriegt, begrüßt sie freundlich! Dankt ihnen für ihre Magie.

Sagt ihnen, dass ihr sie mit eurer Liebe und eurem Willen aufladen werdet. Baut eine Beziehung zu euren magischen Helfern auf, bevor ihr sie nutzt, um eure Energieverbindungen zu stärken.

Die Kräuter, die ich ausgewählt habe, heilen entweder direkt, oder sie ziehen heilende Energien an. Daneben findet ihr weitere magische Eigenschaften jedes Krauts, damit ihr ein Gespür dafür bekommt, was für eine Art von heilender Energie ihnen zukommt.

BASILIKUM (OCIMUM BASILICUM): Liebe, Zufriedenheit, Überfluss, Gelassenheit

OREGANO (ORIGANUM VULGARE): Frieden, Erdung, Loslassen, Ausgeglichenheit

PETERSILIE (PETROSELINUM CRISPUM): Schutz, spirituelle Verbindung, Vitalität, Leidenschaft

LAVENDEL (LAVANDULA ANGUSTIFOLIA): Beruhigung, Schlafhilfe, Stimmungshebung, spirituelle Verbindung

THYMIAN (THYMUS VULGARIS): Reinigung, Kraft, Mut, Liebe, Anziehungskraft

RÖMISCHE KAMILLE (CHAMAEMELUM NOBILE): Säuberung, lindert Aufregung, Ausgeglichenheit

SALBEI (SALVIA OFFICINALIS): Langlebigkeit, Säuberung, Schutz, psychische Kräfte

ROSMARIN (ROSMARINUS OFFICINALIS): Säuberung, Ehrlichkeit, Langlebigkeit, Weisheit, Gedächtnis

MINZE (MENTHA): Überfluss, Erfolg, Wohlstand, Freude, Fruchtbarkeit, Erneuerung

LORBEER (LAURUS NOBILIS): Wahrsagung, Wunscherfüllung, Schutz, Reinigung, Kraft

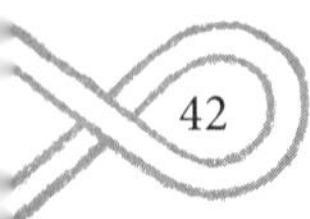

GEWÜRZE

Kräuter sind die Blätter der Pflanzen; Gewürze bestehen aus allen anderen Teilen der Pflanze, zum Beispiel Samen, Blüten, Beeren, Rinde und Wurzeln. Für unsere Heilmagie habe ich alltägliche Gewürze ausgewählt, die ihr vielleicht schon besitzt, zum Kochen benutzt oder mit denen ihr eure Smoothies und Shakes veredelt. Je vertrauter ihr mit den Zutaten seid, desto effektiver werden eure Zauber. Darum sind Gewürze eine tolle Erweiterung des Einsteiger-Hexenschranks. Wie Kräuter solltet ihr sie kühl, trocken und dunkel lagern.

Folgende Gewürze werden wir in den Zaubern dieses Buches verwenden. Sie alle haben magische Heilkräfte. Ihre zusätzlichen magischen Eigenschaften führe ich ebenfalls auf, damit ihr wisst, was für heilende Energien die Gewürze besitzen.

PIMENT (PIMENTA OFFICINALIS): Liebe, Glück, Wohlstand, Überfluss

KURKUMA (CURCUMA LONGA): Reinigung, Erdung

SCHWARZER PFEFFER (PIPER NIGRUM): Mut, Negativität verbannen, Schutz

ANIS (PIMPINELLA ANISUM): psychische Achtsamkeit, großes Glück, Wohlstand, Beruhigung

CAYENNEPFEFFER (CAPSICUM ANNUUM): beschleunigt, trennt, reinigt, wehrt Negativität ab

MUSKATNUSS (MYRISTICA FRAGRANS): Wohlstand, Glück, Überfluss, Verbindung, Gewohnheiten durchbrechen

GEWÜRZNELKE (SYZYGIUM AROMATICUM): Schutz, Wahrsagung, Stressabbau, Wohlstand, Beziehung

ZIMT (CINNAMOMUM VERUM): Erfolg, Reichtum, Liebe, Lust, Erdung
KNOBLAUCH (ALLIUM SATIVUM): Schutz, belebend, Leidenschaft
INGWER (ZINGIBER OFFICINALE): Energie, Überfluss, Ausgeglichenheit, Sexualität

KRISTALLE

Kristalle sind der Schmuck von Mutter Erde, wunderschöne Gaben des Planeten, die für Magie genutzt werden sollen. Kristalle wirken wie natürliche Batterien, indem sie die ihnen innewohnenden hochenergetischen Schwingungen an niedriger schwingende Energiequellen wie Menschen abgeben. Diese Energie können wir für magische Zwecke nutzen, vor allem für Heilung.

Die aufgelisteten Kristalle findet ihr online oder in jedem Laden, der Kristalle oder Steine verkauft. Schon ein kleiner Kristall hat einen spürbaren Einfluss auf die Energie, ihr braucht also nicht unbedingt große oder teure Kristalle zu kaufen. Es ist besser, die Steine persönlich zu kaufen, möglichst immer aus seriösen Quellen abgebaut, weil es euch erlaubt, die Energie des Kristalls im Voraus zu erspüren. Da das aber nicht immer geht, könnt ihr auch angelieferte Kristalle reinigen und auf euch selbst eichen. Verbringt Zeit mit euren neuen Kristallen. Prägt sie mit eurer Energie, und euch mit ihrer. Lernt ihre einzigartige Energie kennen, denn manche Kristalle absorbieren negative Energie und manche verstärken positive Energie. Alle Kristalle verändern Energieflüsse zugunsten von magischer Heilung.

Die Energie von Kristallen lässt nach, wenn ihr sie benutzt,

genau wie bei einer Batterie. Es gibt fünf Möglichkeiten, um sowohl neue Kristalle willkommen zu heißen als auch eure vorhandenen Kristalle wieder aufzuladen.

1. Legt sie über Nacht draußen ins Mondlicht.
2. Wickelt sie mit einem Bergkristall in ein Handtuch und lasst sie 24 Stunden lang liegen.
3. Vergrabt sie ein paar Tage in der Erde.
4. Führt sie durch Rauch.
5. Badet sie in den Klängen eines Glöckchens, eines Gongs oder einer Trommel.

ANMERKUNG: Vermeidet es, Kristalle über längere Zeit in Wasser zu lagern, außer ihr seid sicher, dass es wasserfreundliche Kristalle sind. Wischt Kristalle mit einem Tuch ab, wenn ihr sie physisch reinigen wollt.

Dies sind die Kristalle, die wir in diesem Buch nutzen werden, und ihre Energieeigenschaften:

SCHWARZER TURMALIN (ABSORBIERT): Kraft und Selbstvertrauen
ZITRIN (VERSTÄRKT): Willenskraft, Selbstbewusstsein, Selbstentfaltung, Kreativität
ROSENQUARZ (VERSTÄRKT): Liebe und Selbstfürsorge
Sodalith (VERSTÄRKT): Frieden, Ausgeglichenheit und Harmonie
RAUCHQUARZ (VERSTÄRKT): Auszeit, Erneuerung
AVENTURIN (VERSTÄRKT): Mut, Überfluss, Beständigkeit, Loyalität

JASPIS (ABSORBIERT): Erdung, Beruhigung
FLUORIT (ABSORBIERT): Säuberung, bündelt negative Energien, Klarheit
KARNEOL (ABSORBIERT): Kreativität, Inspiration, Leidenschaft
AMETHYST (VERSTÄRKT): Weisheit, Wissen, Harmonie, Ausgeglichenheit

ÄTHERISCHE ÖLE

Ätherische Öle sind Bestandteile von Pflanzen, die wegen ihres Dufts, ihrer heilenden Eigenschaften und ihrer Magie herausgezogen werden. Diese Öle findet ihr sehr leicht online, in Apotheken und sogar in einigen Supermärkten – dort meist in derselben Abteilung wie Kerzen.

Da es stark konzentrierte, machtvolle Öle sind, brauchen wir meist Möglichkeiten, sie abzuschwächen oder etwas subtiler zu benutzen als durch direkten Kontakt. Wenn ihr also ätherische Öle nutzt, braucht ihr einen Aromadiffuser (auch Zerstäuber oder Vernebler genannt) und ein oder zwei Trägeröle, die euch helfen. Für unsere Zwecke reicht ein kleiner Diffuser vollkommen aus, die gibt es für unter 30 Euro. Trägeröle sind unparfümierte Öle, die helfen, die ätherischen Öle zu verdünnen und für spezifische Anwendungen wie Gesichtsmasken, Cremes und Mischungen brauchbar zu machen. Die Wahl des Trägeröls liegt ganz in eurem Ermessen. Ich bevorzuge Olivenöl oder Traubenkernöl für die Herdplatte, Jojobaöl bei Aromatherapie und Kokosöl bei Salben.

Die gute Nachricht ist, dass alle ätherischen Öle heilende Eigenschaften besitzen. Da sie aus den rein natürlichen Essen-

zen von Pflanzen, Bäumen, Blumen, Kräutern und Gewürzen gewonnen werden, die ohnehin in der Witchcraft Anwendung finden, sind sie konzentrierte, mächtige Hilfsmittel und eine wichtige Ergänzung für den modernen Hexenschrank.

Dies sind die in diesem Buch genutzten Öle und ihre magischen Eigenschaften:

BASILIKUM: Romantik, Anziehungskraft, Glück, Inspiration, Verbindung
ORANGE: Selbstbewusstsein, Freude, Überfluss, Freundschaft, gute Laune
WEIHRAUCH: Spiritualität, Reinigung, Säuberung, Intuition, Verbindung
BERGAMOTTE: Stimmungsheber, Selbstvertrauen, Klarheit
YLANG-YLANG: Euphorie, Sinnlichkeit, Leidenschaft, Lust
ZEDERNHOLZ: Stabilität, Erdung, Kraft
PFEFFERMINZ: Konzentration, Fokussierung, Zentrierung, Leistungssteigerung
LAVENDEL: Beruhigung, Linderung, intuitiv
EUKALYPTUS: belebend, löst Erschöpfung, steigert Kreativität
TEEBAUM: Säuberung, Reinigung, Schmerzlinderung

WEITERE HILFSMITTEL

Dies sind weitere Hilfsmittel, die euch beim Zaubern unterstützen. Sie sind nicht zwingend notwendig, da sie allesamt leicht von anderen Hilfsmitteln oder Techniken ersetzt werden können, aber es kann eure Zaubervorbereitungen erleichtern, wenn ihr sie vorrätig habt.

GLÖCKCHEN: Glöckchen verkörpern das Element Luft und sind hervorragende Mittel, um während des Zauberns negative Energie zu vertreiben oder rauszulassen.
MÖRSER UND STÖSSEL: Damit könnt ihr Kräuter in feines Pulver zermahlen.
ÜBLICHE HAUSHALTSGEGENSTÄNDE: Witchcraft beruht gleichermaßen auf magischen wie auf alltäglichen Mitteln. In diesem Buch verwenden wir unter anderem diverse Küchenutensilien wie Töpfe, Pfannen, (Weck-)Gläser, Schalen und Tassen, wir brauchen Bastelmaterial wie Tonpapier, Filzstifte, Schere und Basteldraht, und wir arbeiten mit Nähzubehör wie Stoff, Nadel und Faden. Auch verschiedene Lebensmittel kommen zum Einsatz. Fühlt euch frei, alles, was ihr im Haushalt habt, kreativ einzusetzen. Wenn ein Zauber zum Beispiel Schnur erfordert, habt ihr vielleicht noch einen Rest Geschenkband rumliegen. Der praktische Nutzen des Gegenstands ist in diesen Fällen wichtiger als der Gegenstand selbst.

METHODEN FÜR EURE ZAUBER

In diesem Buch nutzen wir ein paar unterschiedliche Methoden der Zauberei, die Baby-Witches kennen sollten.

SALBUNG

Salbung beschreibt den Prozess, eine Kerze oder ein anderes Hilfsmittel mit Öl einzureiben, um etwas magisch aufzuladen. Wie viel Öl ihr für die Salbung nutzt, ist euch überlassen, schon ein einziger Tropfen würde genügen. Die Magie liegt in der Absicht der Salbung.

EINE KERZE KRÄUTERN

Kerzen zu kräutern meint, dass ihr die Außenseite der Kerze für mehr magische Wirkung mit Kräutern bedeckt, nachdem ihr sie gesalbt habt. Falls ein Zauber eine gekräuterte Kerze erfordert, empfehle ich, einige Tropfen Öl zu benutzen, damit die Oberfläche vollständig mit Öl überzogen ist. Ihr rollt die Kerze in Kräutern, bevor ihr sie anzündet, und die Kräuter bleiben als zusätzliche magische Verkörperung eurer heilenden Absichten an der Kerze kleben.

ASPERGES

Asperges meint die Besprengung oder Besprenkelung von Objekten mit magisch aufgeladenem Wasser, um die magischen Eigenschaften auf das Objekt zu übertragen. In diesem Buch taucht ihr frische Kräuter in euer magisches Wasser und schüttelt – oder sprengt – es während eurer Heilzauber auf andere Objekte.

SYMBOLE DER ELEMENTE

In diesem Buch verwenden wir Elementarmagie, darum ist es wichtig, dass ihr die Symbole der einzelnen Elemente kennt, um sie in euren Zaubern zu nutzen.

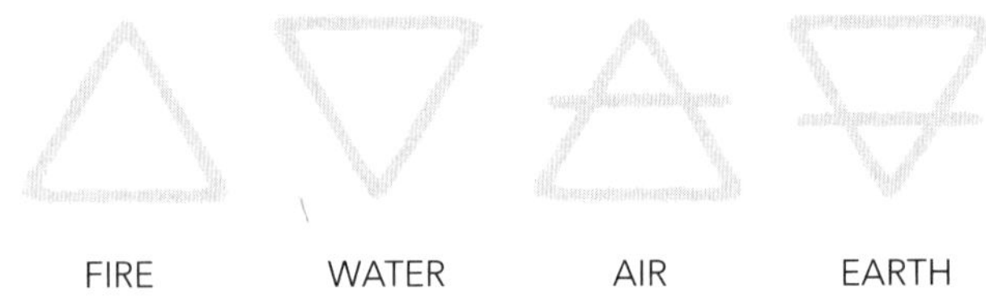

FIRE WATER AIR EARTH

Außerdem werdet ihr bei Zaubern, mit denen ihr den Planeten heilen wollt, dieses Symbol verwenden, das den Planeten Erde verkörpert. Beachtet, dass dieses Symbol und seine Bedeutung sich von dem Element Erde unterscheiden.

ERDE

ALLES FÜR DIE HEILMAGIE VORBEREITEN

Jetzt ist der Augenblick gekommen, an dem ihr einen Heilspruch sprecht. Ihr seid so weit, liebe Hexenden. Es ist an der Zeit, eure wahre Macht zu erkennen, ausgestattet mit Wissen und hilfreichen Werkzeugen, um euch, euer Umfeld und euren Planeten zu heilen. Die folgenden letzten Schritte begleiten euch durch die konkrete Vorbereitung für einen Zauber.

EUER ZAUBERTIMING JUSTIEREN

Um herauszufinden, wann genau der perfekte Zeitpunkt für einen Zauber gekommen ist, könntet ihr eine Reihe von Energiezyklen zurate ziehen. Aber das beste Mittel ist eure Intuition. Wenn ihr das Gefühl habt, dass *jetzt* der richtige Augenblick ist, um ein paar Energien umzuleiten, dann tut es. Ihr seid die Hexenden. Wenn ihr bereit seid loszulegen, dann wartet nicht, bis euch irgendeine Hexentabelle sagt, dass der beste Zeitpunkt gekommen ist.

MONDPHASE

Die gängigste Methode, um den besten Zeitpunkt für einen Zauber zu ermitteln, ist die Orientierung an den Mondphasen. In Kapitel 1 haben wir die einzelnen Mondphasen und ihre dazugehörigen Zauber besprochen, ihr könnt euch also an dieser Tabelle orientieren (siehe Seite 24). Die Mondphasen repräsentieren den natürlichen Energiezyklus, den ihr im Abschnitt »Empfohlener Zeitpunkt« der Zauberrezepte in diesem Buch finden werdet. Wie erwähnt könnt ihr jeden Zauber immer dann anwenden, wenn es sich für euch richtig anfühlt. Es wird nichts Schlimmes passieren, wenn ihr gegen den Mondzyklus handelt. Im schlimmsten Fall ist der Zauber weniger wirksam.

DIE MAGISCHE BEDEUTUNG DER ERDUNG

Erdung nennt man den Prozess, wenn ihr euren Geist und euren Körper mit der Energie verbindet, die ihr für euren Zauber braucht. Es gibt eine Reihe von Übungen, die euch beim Erden helfen, darunter eure eigene Vorbereitung und die eurer Arbeitsfläche.

Die Wahl des Ortes, an dem ihr den Zauber durchführt und die Vorbereitung dieses Ortes sind ein entscheidender Bestandteil für erfolgreiche Zauber. Viele Hexende haben Hexenaltäre im Haus, aber achtet darauf, dass diese an einem ruhigen, gemütlichen Ort stehen. Der Ort sollte ordentlich und aufgeräumt sein – nichts soll eure Energien stören. Außerdem ist es gut, wenn ihr euch einen festen Platz draußen in der Natur sucht, wo ihr ungestört Zauber sprechen könnt. Viele Rezepte erfordern einen direkten Kontakt zur Natur, und Mutter Erde heraufzubeschwören kann wirklich machtvoll sein. In jedem Fall solltet ihr, bevor ihr an eurem heiligen Ort Zauber durchführt, ein paar reinigende Kräuter wie Lorbeer oder Salbei abbrennen, um die Energie des Ortes zurückzusetzen und eure Absichten zu erden.

Einen magischen Kreis zu ziehen, ist eine weitverbreitete und wirksame Art, um den Ort für euren Zauber abzustecken.

Er bietet außerdem Schutz und verstärkt die während des Zaubers beschworenen Energien. Auch wenn es für die meisten Anfangszauber nicht nötig ist, ist das Ziehen eines Kreises für viele Hexende ein wichtiger Bestandteil ihrer Witchcraft, weil sie damit das Ritual des Zaubers einleiten. Beginnt damit, dass ihr euren magischen Kreis mit Salz oder Kristallen abgrenzt. Hexende mit mehr Erfahrung können den Kreis auch nur mit ihrer Energie ziehen, was ebenso gut ist, aber für Baby-Witches lohnt sich eine klare sichtbare Abgrenzung.

Es gibt viele Wege, einen Kreis zu ziehen, aber einer der wirksamsten ist die Anrufung der Elemente. Damit ruft ihr die vier Himmelsrichtungen an, welche die Elemente verkörpern: Sobald euer Arbeitsbereich gereinigt und euer Kreis gekennzeichnet ist, lasst ihr euer Altarglöckchen dreimal ertönen (oder ihr tippt mit einem Löffel gegen einen Topf, falls ihr kein Glöckchen habt) und führte die folgende Anrufung durch.

Wendet euch nach Norden und hebt die Arme. Sprecht:

»Erde des Nordens,
ich ersuche deine Hilfe.«

Senkt die Arme und wendet euch nach Osten. Hebt die Arme und sprecht:

»Luft des Ostens,
ich ersuche deine Hilfe.«

Senkt die Arme und wendet euch nach Süden. Hebt die Arme und sprecht:

»Feuer des Südens,
ich ersuche deine Hilfe.«

Senkt die Arme und wendet euch nach Westen. Hebt die Arme und sprecht:

»Wasser des Westens,
ich ersuche deine Hilfe.«

Senkt die Arme, wendet euch eurem Altar zu, und sprecht:

»Ich danke den Elementen
und all ihrer Macht,
die diesen Kreis ziehen
für heilende Kraft.«

DIE ABSICHTEN FESTLEGEN

Wie in Kapitel 1 erwähnt, ist das Festlegen der Absicht der Grundstein eines Zaubers. Alle Hilfsmittel der Welt sind kein Ersatz für eure eigene Willenskraft. Schließlich seid *ihr* die Hexenden. Die Kräuter, Öle und Kristalle helfen euch, aber ihr seid es, die die Magie benutzen. Sprecht eure Absicht laut aus, bevor ihr anfangt, die Energien für euren Zauber zu sammeln. Das Ziel eures Zaubers klar und deutlich zu formulieren, wird dafür sorgen, dass die nötigen Energien in die richtigen Bahnen gelenkt werden und die höchstmögliche Wirkung erzielen.

ENERGIEN SAMMELN

Energien sammeln ist der letzte Schritt der Zaubervorbereitung. Das ist der Augenblick, in dem ihr beginnt, mit den Energieströmen zu interagieren, sie für den Heilzauber anzuzapfen. Einfach ausgedrückt: Jede Methode, die euch hilft, mit den Energieströmen in Kontakt und in den Fluss zu kommen, hilft. Hier sind ein paar Möglichkeiten, wie ihr Energien sammeln könnt. Achtet darauf, was ihr empfindet, während ihr sie ausprobiert. Feilt an euren Techniken, bis ihr das für euch perfekte Ritual gefunden habt.

ENERGIEBALL-METHODE: Stellt euch mit festem Stand auf euren ausgewählten Ort. Presst die Handflächen aneinander wie bei einem Gebet und reibt sie kräftig gegeneinander. Ihr werdet auf der Stelle Reibung und Wärme spüren. Das ist Energie! Lasst euch in den Fluss fallen. Schaut, ob ihr einen Ball aus Energie zwischen euren Händen formen könnt. Stellt ihn euch als leuchtende Kugel vor, die ihr um euren ganzen Altar herum ausbreiten könnt, damit sie euren Zauber befeuert.

HABT SPASS: Glückliche Hexende sind mächtige Hexende. Legt Musik auf, die ihr liebt. Tanzt und singt. Bewegt euren Körper im Rhythmus. Auch Masturbation oder Sex mit einem Partner sind Möglichkeiten, Energien zu sammeln. Manche Hexende genießen auch ein Glas Wein, um das Ego zu befreien und der Seele freien Lauf zu lassen.

MEDITATION: Manche Hexenden fühlen sich mächtiger, wenn sie stillsitzen und die Energien mittels Meditation auf sich ziehen. Auch das ist eine sehr wirkungsvolle Methode und etwas fortgeschrittener, da ihr mit der

Macht der Meditation vertraut sein solltet, bevor ihr sie für die Witchcraft nutzt.

DEN KREIS SCHLIESSEN

Wenn ihr den Zauber durchgeführt habt, solltet ihr euren Kreis wieder schließen. Lasst erneut dreimal das Glöckchen ertönen und sprecht:

»Der Glockenklang erneut steigt auf,
drum breche meinen Kreis nun auf.«

Die Energie wird freigelassen und euer Zauber ist abgeschlossen.

ENERGIE WIEDER INS GLEICHGEWICHT BRINGEN

Es ist normal, wenn ihr euch nach einem Zauber erschöpft oder benommen fühlt. Manche Hexen berichten sogar von menstruationsartigen Symptomen. Passt auf euch auf. Ihr habt gerade ganze Energiefelder gelenkt! Natürlich fühlt man sich danach ausgelaugt. Das bedeutet nicht, dass ihr schwach oder nicht für Zauber geeignet seid. Es bedeutet nur, dass euer Energielevel abgesunken ist und ihr euch ausruhen müsst, bis ihr euch wieder bereit fühlt, neu loszulegen. Diese Müdigkeit ist vollkommen natürlich und etwas, das ihr begrüßen solltet. Es ist wie bei jedem Muskel: Je häufiger ihr eure Magie anwendet, desto mehr Kraft werdet ihr dafür haben.

Mit diesen Methoden könnt ihr eure Energie nach dem Zauber wieder ins Gleichgewicht bringen:

- Trinkt Kamillentee.
- Dehnt euch und/oder meditiert.
- Schreibt eure Zaubererfahrung in ein Tagebuch.
- Sucht Kontakt zur Erde: Geht draußen barfuß spazieren und nehmt die Balance der Erd-Energie durch eure Füße in euch auf.
- Badet in Bittersalz, Pfefferminzöl und Orangenöl.

Gebt auf euch acht, liebe Hexende. Wir brauchen euch für unsere wichtige Aufgabe der Heilung.

AUFRÄUMEN DES ZAUBERS

In den Rezepten dieses Buches mache ich Vorschläge, falls angebracht, wie ihr übrig gebliebene Zauberzutaten wegräumt und entsorgt. Es kann sein, dass diese Materialien negative Energien in sich aufgenommen haben, oder vielleicht ist die Entsorgung sogar Teil des Zaubers. Ihr solltet generell versuchen, organische Zauberzutaten wieder der Erde zuzuführen, indem ihr sie draußen vergrabt oder verteilt. Zumindest solltet ihr alle Überreste außerhalb des Gebäudes entsorgen, um die Energie nicht länger in eurem Zuhause zu haben. Und es ist äußerst wichtig sicherzustellen, dass keine brennenden Kerzen unbeaufsichtigt bleiben. Versichert euch, dass alle Kerzen vollständig gelöscht sind, sobald euer Zauber abgeschlossen ist, indem ihr den Docht in etwas Wasser taucht oder einen Kerzenlöscher verwendet. Das Aufräumen befreit uns von den Energien, die wir beschworen haben, und ist ein wichtiger Schritt, um den Zauber zu beenden.

Bevor ihr andere oder die Welt heilen könnt, müsst ihr zunächst euch selbst heilen. Wenn ihr euch um euch selbst kümmert, erhaltet ihr die Bausteine, die ihr benötigt, um erfolgreiche Heilmagie im Großen anzuwenden. Ihr könnt drei Aspekte an euch selbst heilen: Körper, Geist und Seele. Euer Körper trägt die Energie, die ihr für Zauber benötigt. Euer Geist ermöglicht es euch, eure Absichten frei fließen zu lassen. Und eure Seele unterstützt euch, euer heilendes Licht mit der Welt zu teilen.

Denkt daran, dass Heilung ein andauernder Prozess ist, der in vielen Fällen nicht geradlinig verläuft. Es ist ein Akt der Selbstliebe, bestimmte Erwartungen fallen zu lassen, die ihr über den Heilungsprozess habt. Lasst euch den Freiraum, den ihr zum Heilen braucht, dann kommt alles andere ganz von selbst, sobald ihr anfangt, eure Arbeit als Heilende aufzunehmen. Diese Arbeit wird euch mit Sinn erfüllen. Tatsächlich geht es beim Heilen um den Mut, sich den Ursachen für Schmerz zu stellen und sich, wenn nötig, mit ihnen zu befassen. Witchcraft bietet euch leicht anzuwendende Methoden, mit denen ihr heilen könnt, und es ist mir eine Ehre, sie mit euch teilen zu dürfen.

Dieses Kapitel liefert euch Rituale und Zaubersprüche zur Heilung eures Körpers, eures Geistes und der Seele. Ich hoffe, dass ihr sie immer wieder anwendet, wenn ihr sie braucht, auch mit mehr Erfahrung, um eure Heilkräfte noch stärker zu machen.

TEIL 2

Heilt euch selbst

Heilt euren Körper

Euer Körper ist das Gefäß für euren starken Willen und eure magischen Fähigkeiten. Euren Körper so gesund wie möglich zu halten, ist ein gutes Ziel, wenn ihr euren magischen Output verbessern wollt. Witchcraft zur Heilung des Körpers anzuwenden bedeutet, magische Heilmethoden wie Sprüche und Rituale zu nutzen, um heilende Energie in euren Körper zu leiten. Am besten stellt ihr euch körperliche Heilung so vor, dass ihr euren Körper in Einklang mit den natürlichen Rhythmen und heilenden Eigenschaften der Elemente bringt. Indem ihr eure Sinne in der physischen Welt auf die magischen Zutaten und Handlungen ausrichtet, kann euer Körper die dabei frei werdende metaphysische Energie zum Heilen nutzen. Widmen wir uns also jetzt dem magischen Akt, euren Körper zu heilen.

Guten Morgen, Sonnenschein

ZIEL DES ZAUBERS: Eure Kristalle und euren Körper mit Energie für den Tag aufladen, indem ihr die vier Elemente um einen magischen Segen bittet.

EMPFOHLENER ZEITPUNKT:
direkt nach dem Aufstehen

BENÖTIGTE GEGENSTÄNDE:

- Kerze
- Feuerzeug

MAGISCHE ZUTATEN:

- 1 Esslöffel getrockneter Thymian oder ein paar Zweige frischer Thymian
- 1 Zitrin-Kristall
- 1 Karneol-Kristall
- 3 Tropfen Orangenöl

Zauber

Bettet eure Kristalle auf einem Nest aus Thymian. Löst euch dabei von dem Wunsch, wieder ins Bett zu gehen, und übertragt diese Energie auf die ordentlich platzierten Kristalle.

Gebt ihnen Zeit, die Energie aus dem Thymianbett aufzunehmen.

Salbt eure Kerze mit dem Öl. Achtet dabei darauf, wie euer Körper sich für den bevorstehenden Tag frei macht und auf ihn vorbereitet. Schickt diese optimistischen Schwingungen in euer Öl und die Kerze, indem ihr sie im Uhrzeigersinn reibt. Wascht euch das Öl von den Händen. Entzündet eure mit freudiger Energie aufgeladene Kerze.

Nehmt die Kristalle auf, einen in jede Hand, und schließt die Faust um sie. Spürt, wie die belebenden Eigenschaften des vom Thymian aufgeladenen Zitrins und Karneols eure Arme hinaufsteigen und in euren Körper wandern. Stellt euch vor, wie die Energie durch euer Inneres wirbelt und euch erfrischt.

Wendet euch nach Osten. Streckt die Hände gerade nach vorn aus, öffnet sie, damit die Kristalle sichtbar nach Osten zeigen. Sprecht:

»Guten Morgen, Osten,
und stehe mir bei,
segne mit Luft-Energie
dieser Kristalle zwei.«

Haltet die Kristalle in euren offenen Händen und saugt die östliche Luft-Energie auf.

Wendet euch nun nach Süden und sprecht:

»Guten Morgen, Süden,
und stehe mir bei,
segne mit Feuer-Energie
dieser Kristalle zwei.«

Haltet die Kristalle in euren offenen Händen und saugt die südliche Feuer-Energie auf.

Wendet euch nun nach Westen und sprecht:

»Guten Morgen, Westen,
und stehe mir bei,
segne mit Wasser-Energie
dieser Kristalle zwei.«

Haltet die Kristalle in euren offenen Händen und saugt die westliche Wasser-Energie auf.

Wendet euch nun nach Norden und sprecht:

»Guten Morgen, Norden,
und stehe mir bei,
segne mit Erd-Energie
dieser Kristalle zwei.«

Haltet die Kristalle in euren offenen Händen und saugt die nördliche Erd-Energie auf.

Schließt eure Finger wieder um die Kristalle und saugt all diese Energie bis in euren Kern auf. Blast die Kerze aus, um die Kristallenergie in euch zu versiegeln. Behaltet die aufgeladenen, gesegneten Kristalle bei euch, dann habt ihr den ganzen Tag Energie.

Eine Tasche voller Schutz

ZIEL DES ZAUBERS: Mit Magie das Aufkommen einer Krankheit verhindern, indem ihr dieses magische Schutzsäckchen herstellt.

EMPFOHLENER ZEITPUNKT:
Vollmond

BENÖTIGTE GEGENSTÄNDE:

- 2 kleine Schalen
- kleines Jutesäckchen oder ein Stück Stoff.
- etwas Schnur oder Garn

MAGISCHE ZUTATEN:

- 1 Esslöffel getrocknete Petersilie oder 2 Zweige frische Petersilie
- 1 Esslöffel getrockneter Rosmarin oder 2 Zweige frischer Rosmarin
- 1 Turmalin-Kristall
- 1 Rauchquarz-Kristall

Zauber

Breitet eure Zutaten auf dem Altar aus. Gebt jedes Kraut in eine eigene kleine Schale. Legt den Turmalin oben auf die Petersilie und den Rauchquarz auf den Rosmarin. Besiegelt ihre Verbindung, indem ihr über jeder Schale mit dem Finger ein Pentagramm in die Luft zeichnet.

Streckt beide Hände aus, Handflächen nach unten, je eine Hand über einer Schale, und sprecht:

»Petersilie im Schatten,
Rosmarin im Schein,
ihre Macht wandert weiter
in jeden Stein.
Bitte, Kristalle,
schützt diesen Leib,
die Magie im Säckchen
für immer verbleib.«

Gebt alle Kräuter und Kristalle in das Säckchen oder in die Mitte des Stoffstücks. Schließt das Säckchen oder den Stoff mit dem Garn oder der Schnur. Bindet drei volle Knoten und sprecht dabei:

»Mit Knoten eins,
der Beutel ist meins.
Mit Knoten zwei,
er unlösbar nun sei.
Mit Knoten drei,
mir Schutz angedeih.«

Tragt dieses magische Säckchen immer bei euch, wenn ihr Schutz vor Krankheit braucht. Es passt gut in eure Jacken- oder Handtasche. Bei Bedarf könnt ihr bei jedem Vollmond die Zutaten erneuern und den Zauber wiederholen.

Strecken und Beugen

ZIEL DES ZAUBERS: Dieses Ritual überwindet Erschöpfung und verleiht euch an Tagen, an denen ihr euch nicht ausruhen könnt, einen Energieschub. Weckt mit diesem peppigen Zauber eure innere Elle Woods, Meisterin der gut gelaunten Lebendigkeit.

EMPFOHLENER ZEITPUNKT:
wann immer ihr einen Energieschub braucht, vor allem am Nachmittag

BENÖTIGTE GEGENSTÄNDE:
- Diffuser für ätherische Öle
- Kerze
- Feuerzeug

MAGISCHE ZUTATEN:
- Mischung von ätherischen Ölen:
- 3 Tropfen Pfefferminzöl
- 2 Tropfen Zitronenöl
- 2 Tropfen Rosmarinöl

Gebt die ätherischen Öle in den Diffuser.

Entzündet eine nicht parfümierte Kerze und entspannt euch. Genießt die Düfte der ätherischen Öle. Konzentriert euch auf die Stellen im Körper, in denen sich Stress angesammelt hat oder die euch abgenutzt erscheinen. Lasst die Düfte an diese Stellen fließen und beginnt langsam, sie mit Energie zu füllen.

Atmet fünfmal tief ein und aus.

Hebt bei jedem Einatmen die Arme hoch über den Kopf. Streckt sie so weit nach oben, wie eure Fingerspitzen reichen. Spürt, wie eure Schultern sich heben und eure Brust sich ganz ausdehnt. Stellt euch auch auf die Zehenspitzen, wenn ihr das Bedürfnis habt.

Beugt euch beim Ausatmen an der Taille nach vorn und greift mit den Händen nach dem Fußboden. Es ist egal, wie weit ihr euch nach unten beugen könnt – das ist keine Yoga-Stunde, sondern eine rituelle Bewegung, das einfache Yin und Yang von sich öffnen und wieder schließen, um eure Energie mit diesem Zauber zu aktivieren.

Bei eurem letzten Einatmen geht ihr wieder in eure stehende Ruheposition und konzentriert euch auf die Kerze. Begrüßt die Öle, die euren geöffneten Körper beleben. Spürt, wie eure Energie ansteigt, während die Kerze weiterbrennt. Blast nach ein paar Minuten die Kerze aus, schaltet den Diffuser ab und nehmt mit mehr Energie als vorher euren Tag wieder auf.

Jeden Tag einen Apfel

ZIEL DES ZAUBERS: Dieser Zauber soll euch helfen, euch besser zu ernähren, damit euer Körper besser heilen kann.

EMPFOHLENER ZEITPUNKT:
gleich morgens nach dem Aufstehen oder direkt vorm Schlafengehen

BENÖTIGTE GEGENSTÄNDE:

- Athame
- 1 ganzer Apfel

MAGISCHE ZUTATEN:

- ½ Teelöffel Cayennepfeffer
- 1 Aventurin-Kristall
- 1 Zitrin-Kristall
- 3 Tropfen Zedernholzöl

Zauber

Legt den Apfel auf euren Altar. Platziert den Aventurin auf der einen Seite vom Apfel und den Zitrin auf der anderen Seite.

Stellt euch im festen Stand hin, haltet die Hände über den Apfel und sprecht:

»Stärke von außen und Stärke von innen,
entscheide weise, lass die Zweifel verrinnen.«

Schneidet den Apfel mit dem Athame in der Mitte durch und sprecht:

»Ich teile diesen Apfel mit einfachem Streben:
meinen Hunger zu stillen und mich neu zu beleben.«

Salbt den Apfel mit ein paar Tropfen Zedernholzöl und sprecht:

»Wie Apfelbäume der Erde entsteigen,
soll mein Appetit sich Gesundem zuneigen.«

Streut etwas Cayennepfeffer über den Apfel und sprecht:

»Für gesunde Ernährung, die du mir gelobst,
meide ich Zucker und ersetz ihn mit Obst.«

Reibt die beiden Apfelhälften im Uhrzeigersinn gegeneinander und sprecht:

»Die Energien, die entstehen,
die schwören mich ein,
mich gesund zu entscheiden,
so soll es sein.«

Vergrabt die Apfelhälften draußen, mit der offenen Seite nach unten, um den Zauber zu besiegeln und euch mehr Willensstärke gegen ungesunde Versuchungen zu geben.

Hinter der Maske

ZIEL DES ZAUBERS: Dieser Zauber hilft euch, euer authentisches Ich durch eine erfrischende Gesichtsmaske zu enthüllen. Unser authentisches Ich ist unser gesündestes Ich. Wir tragen oft Masken, die ein falsches Ich von uns verkörpern, um den Erwartungen der Gesellschaft gerecht zu werden. Mit dieser Gesichtsmaske erfrischt ihr euer Gesicht und erlaubt eurem echten, schönen Ich zu erstrahlen.

EMPFOHLENER ZEITPUNKT:
abnehmender Mond, Neumond

BENÖTIGTE GEGENSTÄNDE:

- Schale
- Mörser und Stößel
- 1 Esslöffel Honig
- Sahne oder Wasser (so viel wie benötigt)

MAGISCHE ZUTATEN:

- 1 Teelöffel Kurkumapulver
- 1 Bergkristall
- 1 Jaspis-Kristall

Zauber

Mischt 1 Teelöffel Kurkumapulver mit 1 Esslöffel Honig.

Gebt langsam so lange Sahne hinzu, bis die Mischung schön glatt ist und die gewünschte Konsistenz erreicht hat – etwa dann, wenn sie fest genug ist, dass ihr sie mit den Fingern aufnehmen könnt, aber weich genug, dass ihr sie verstreichen könnt. Falls ihr keine Sahne habt, könnt ihr auch Wasser nehmen.

Haltet den Bergkristall in der einen und den Jaspis in der anderen Hand und führt sie in wellenförmigen Bewegungen über die Mischung hinweg.

Sprecht:

»Der rote Jaspis, die rote Wurzel der Erd,
soll enthüll'n und erwecken,
was wirklich ich wert.
Der Honig soll lindern der Ablehnung Schmerz,
Sahne enthüllt mein Antlitz
mit aufrechtem Herz.«

Tragt die Maske auf euer Gesicht auf und wartet, bis die Wurzelenergie des Kurkumas und Jaspis euch von allem befreien, was nicht ihr selbst seid. Lasst die Maske fünfzehn Minuten einwirken. Versprecht euch selbst, die Person zu bleiben, die ihr seid, selbst wenn andere Menschen Probleme mit ihr haben.

Wascht die Maske mit warmem Wasser ab und ruft euch ins Gedächtnis, dass ihr auf diesem Weg heilt. So erweckt ihr die Macht eures leuchtenden Selbstbewusstseins und lasst die Reste eurer Maskierung zurück. So soll es sein.

(K)Notfall Schmerz

ZIEL DES ZAUBERS: Dieser Zauber verwendet Knotenmagie, um Schmerzenergie aus dem Körper zu ziehen und sie zum Heilen an Mutter Erde zurückzugeben.

EMPFOHLENER ZEITPUNKT:
wenn benötigt

BENÖTIGTE GEGENSTÄNDE:
- 15 bis 20 Zentimeter Faden, Schnur oder Garn
- Kessel
- Stabfeuerzeug

MAGISCHE ZUTATEN:
- 1 Esslöffel getrocknete Petersilie
- ½ Teelöffel Knoblauchpulver
- 1 Turmalin-Kristall

Zauber

Wickelt euren Faden lose um den Turmalin. Der Turmalin dient als Medium, das hilft, den Schmerz aus eurem Körper und in den Faden zu transportieren.

Richtet eure Konzentration auf die Mitte eures Schmerzes. Legt den Turmalin auf den Schmerz und sprecht:

»Fahr in den Knoten,
Schmerz, verlass meinen Leib,
aus meinem Körper
ich dich jetzt vertreib.
Heile mich, heile,
ich will mich befreien,
hinfort mit dir, Schmerz,
denn so soll es sein.«

Macht einen Knoten in ein Ende des Fadens. Wiederholt das Auflegen des Turmalins und den Spruch.

Macht einen Knoten in das andere Ende des Fadens. Wiederholt das Auflegen des Turmalins und den Spruch.

Entfernt den Faden vom Turmalin und macht einen Knoten direkt in die Mitte.

Gebt die Petersilie in euren Kessel und legt den Faden auf die Petersilie.

Streut das Knoblauchpulver oben auf die Petersilie und den Faden.

Entzündet mit dem Stabfeuerzeug den Inhalt des Kessels und verbrennt alles zu Asche. Während es brennt, sprecht ihr:

»Mit brennendem Knoten
den Schmerz setz ich frei,
Gesundheit kehrt wieder,
mein Leid ist vorbei.«

Vergrabt die Asche draußen in der Erde oder spült sie die Toilette hinunter, um euch von den schmerzhaften Energien zu befreien.

Fruchtbarkeitsschalen-Magie

ZIEL DES ZAUBERS: Dieser Wasserschalen-Zauber erweckt die Magie der Großen Mutter der heilenden Wasser. Die Schale verkörpert in diesem Zauber die Gebärmutter. Zutaten und Zaubermethode sollen die Gebärmutter für eine mögliche Befruchtung öffnen, indem sie blockierende Energien auflösen.

EMPFOHLENER ZEITPUNKT:
Neumond

BENÖTIGTE GEGENSTÄNDE:

- Kessel
- kochendes Wasser

MAGISCHE ZUTATEN:

- ½ Tasse Salbeiblätter
- ¼ Tasse ganze Nelken
- 2 Esslöffel Rosmarin
- ¼ Tasse getrocknete Lavendelblüten
- Karneol-Kristalle
- Rauchquarz-Kristalle
- Bergkristalle

Gebt alle Kräuter in den Kessel. Legt dann die Kristalle in Kreisform auf die Kräuter. Der Karneol wird die Kräfte der Kräuter in die Fortpflanzungsorgane leiten, und die Quarze werden diese Hilfe unterstützen.

Haltet eure Hände über den Kessel und sprecht:

»Salbei für gereinigten Körpersaft
Nelken für hoffnungsvolle Fruchtbarkeit
Rosmarin zur Großen Mutter Kraft
Lavendel zur inneren warmen Friedlichkeit«

Kippt das kochende Wasser über die Kräuter und Steine, bis der Kessel fast voll ist.

Senkt vorsichtig euer Gesicht über den abkühlenden Dampf und atmet den magischen Duft in eure Lunge ein. Spürt, wie eure Lunge sich mit einem heilenden Leuchten füllt. Spürt, wie die Kristalle dieses heilende Leuchten in eure Gebärmutter schicken. Atmet weiter die heilende Magie ein und alles aus, was eine Befruchtung blockiert.

Denkt, während das Wasser abkühlt, daran, wie die Magie sich in eurem Körper festsetzt, um ihre Arbeit zu beginnen. Gebt das Wasser auf eure Pflanzen, um diese magisch zu nähren. Behaltet die magisch aufgeladenen Steine bis zum Vollmond beim Schlafen in eurer Nähe, um den Zauber zu besiegeln.

Pfefferminz-Pause

ZIEL DES ZAUBERS: Mit diesem Zauber löst ihr Spannungskopfschmerzen, kommt wieder in die Spur und könnt den Tag frisch wieder aufnehmen.

EMPFOHLENER ZEITPUNKT:
wenn benötigt

BENÖTIGTE GEGENSTÄNDE:

- Trägeröl, wenn gewünscht

MAGISCHE ZUTATEN:

- 1 Bergkristall
- 3 Tropfen Pfefferminzöl

Zauber

Beginnt dieses Ritual mit einem Tapetenwechsel. Geht, wenn möglich, nach draußen. Falls nötig, sucht euch ein ruhiges Fleckchen im Treppenhaus eures Bürogebäudes. Hauptsache, euer Körper ist nicht mehr dort, wo er war, als die Kopfschmerzen begonnen haben. Euch aus den Schwingungen zu befreien, die den Schmerz ausgelöst haben, hilft eurem Körper, sich zu resetten.

Gebt einen Tropfen Pfefferminzöl auf jede eurer Schläfen; wenn euch das lieber ist, mit einem Trägeröl gemischt.

Während ihr das Pfefferminzöl auf eure Schläfen reibt, sprecht ihr:

»Quäl mich nicht, Kopfschmerz,
Kopfschmerz hinfort,
lass mich in Frieden,
gehorch meinem Wort.«

Gebt als Nächstes einen Tropfen Öl in euren Nacken. Wiederholt den Spruch.

Haltet euch den Kristall an die Stirn und wiederholt den Spruch.

Atmet dreimal tief ein und aus und lasst das Öl und den Kristall euch von den Schmerzen befreien.

Falls nötig, wiederholt das Ritual nach einer Stunde.

Die Nagelschneid-Heilung

ZIEL DES ZAUBERS: Dieser Zauber soll eurem Körper helfen, anhaltende Krankheit zu lindern und den Energiefluss so umzukehren, dass er euch mehr Gesundheit schenkt.

EMPFOHLENER ZEITPUNKT:
abnehmender Mond

BENÖTIGTE GEGENSTÄNDE:

- Wattepad
- Nagelknipser oder Nagelschere
- kleines Glas oder eine kompostierbare Tüte

MAGISCHE ZUTATEN:

- 1 Turmalin-Kristall
- 1 Fluorit-Kristall
- ätherisches Eukalyptus- oder Teebaumöl (je nach Vorliebe, so viel wie benötigt)

Zauber

Schließt eure Augen. Haltet den Turmalin in einer Faust und den Fluorit in der anderen. Sitzt mindestens fünf Minuten mit den Steinen in euren Fäusten da. Es sind absorbierende Steine, konzentriert euch deshalb darauf, eure negativen Energien und eure Krankheit in die Steine zu schicken. Stellt euch vor, wie all eure Krankheiten durch euren Körper wandern, eure Arme entlang in eure Fingernägel und die Steine. Sammelt sie alle in den Steinen und in den äußersten Spitzen eurer Fingernägel. Wenn ihr so weit seid, legt die Steine auf euren Altar zur Säuberung und Wiederaufladung nach dem Zauber.

Gebt euer bevorzugtes Öl auf ein Wattepad und reibt jeden eurer Fingernägel damit ein.

Sprecht bei jedem Finger die entsprechende der folgenden Zeilen:

»Bei der Macht der Eins, Gebrechen bleibt keins.
Bei der Macht der Zwei, bin ich glücklich dabei.
Bei der Macht der Drei, gesund ich wieder sei.
Bei der Macht der Vier, Heilung kommt jetzt zu mir.
Bei der Macht der Fünf, auf die Leiden ich schimpf.
Bei der Macht der Sechs, neue Kraft in mir wächst.
Bei der Macht der Sieben,
keimt sie in kräftigen Trieben.
Bei der Macht der Acht, ich erstrahl in heller Pracht.
Bei der Macht der Neun,
kann mich an Gesundheit erfreu'n.
Bei der Macht der Zehn, so sei es, Amen.«

Schneidet euch nacheinander die Nägel und sammelt die Nagelreste. Wiederholt die obigen Sprüche bei jedem Nagel, den ihr kürzt. Gebt alle abgeschnittenen Nagelreste in das Glas oder die Tüte. Verteilt sie draußen oder vergrabt sie, wenn möglich, und lasst die Krankheiten zurück in die Erde wandern, um euch zu heilen.

Heilendes Mondwasser-Elixier

ZIEL DES ZAUBERS: Erschafft ein heilendes Mondwasser-Elixier, das ihr in euren Morgenkaffee oder eure Kochrezepte geben könnt, um euch einen Schuss heilende Energie zu gönnen.

EMPFOHLENER ZEITPUNKT:
Vollmond

BENÖTIGTE GEGENSTÄNDE:
- Weckglas oder Flasche
- frisches Wasser

MAGISCHE ZUTATEN:
- 1 Aventurin-Kristall
- 1 Amethyst-Kristall
- 1 Bergkristall

Zauber

Füllt eure Flasche nach Sonnenuntergang in der Vollmondnacht mit frischem Wasser. Stellt die Flasche auf euren Altar, zusammen mit den drei kleinen Aventurin-, Amethyst- und Bergkristallen.

Ladet eure Kristalle mit heilenden Absichten auf. Reibt eure Hände aneinander, bis sie durch die Reibung warm sind, und haltet die Hände mit den Handflächen nach unten über die Steine. Stellt euch vor, wie die Hitze voller Ruhe und Heilung von euren Handflächen in die Kristalle wandert.

Gebt den Aventurin ins Wasser und sprecht:

»Grüner Stein, deine Hilfe sei mein,
sollst meinen Leib stärken
und von Krankheit befrei'n.«

Gebt den Amethyst ins Wasser und sprecht:

»Violetter Stein, deine Hilfe sei mein,
sollst beruhigen den Geist
und den Körper jetzt heil'n.«

Gebt den Bergkristall ins Wasser und sprecht:

»Energievoller Stein, deine Hilfe sei mein,
verstärke mein Streben, so soll es sein.«

Verschließt die Flasche fest. Lasst die Steine in der Flasche dreimal im Uhrzeigersinn kreisen, um alle Energien gemeinsam zu binden.

Platziert die Wasser-Kristall-Mischung im Mondlicht, damit sie sich magisch aufladen kann. Achtet darauf, dass ihr das neu erschaffene Mondwasser vor Tagesanbruch reinholt. Lagert es in einem dunklen, kühlen Schrank, es sollte nicht in direktem Sonnenlicht stehen. Gebt jeden Tag ein oder zwei Tropfen in ein Getränk oder eine Speise eurer Wahl, um eurem Körper die Energie dieses magischen Heilelixiers zuzuführen.

Sexy-Knistern-Zauber

ZIEL DES ZAUBERS: Führt diesen Kristall-und-Kerzen-Zauber vor dem Liebesspiel mit euch selbst oder einem Partner aus, um euch von sexuellem Alltagstrott zu befreien und eure Libido und Leidenschaft zu steigern.

EMPFOHLENER ZEITPUNKT:
zunehmender Mond, Vollmond

BENÖTIGTE GEGENSTÄNDE:

- Diffuser für ätherische Öle
- Kerze
- kleine hitzebeständige Schale, mit Salz gefüllt
- Feuerzeug

MAGISCHE ZUTATEN:

- 1 Teelöffel Cayennepfeffer
- 1 Teelöffel Zimt
- 1 Jaspis-Kristall
- 1 Karneol-Kristall
- 1 Rosenquarz-Kristall
- 1 Zitrin-Kristall
- Mischung von ätherischen Ölen:
    - 2 Tropfen Basilikumöl
    - 2 Tropfen Ylang-Ylang-Öl
    - 2 Tropfen Rosmarinöl
    - 2 Tropfen Zedernholzöl

Gebt eure Ölmischung in den Diffuser und schaltet ihn ein.

Legt Musik auf und/oder zieht euch etwas an, womit ihr euch sexy fühlt, wenn ihr mögt. Ihr könntet euch auch ein Glas Wein gönnen. In diesem Zauber geht es um freudvoll gesteigerte Sex-Energie, also ist jede Methode hilfreich, die euch für Lust und Leidenschaft öffnet.

Legt die Zutaten auf eurem Altar bereit. Legt den Jaspis nach Norden, den Karneol nach Süden, den Rosenquarz nach Osten und den Zitrin nach Westen. Das sind alles Kristalle für Liebe und Sex, die einen Wirbel der Leidenschaft auf eurem Altar erzeugen. Stellt die Salzschale in die Mitte der Kristalle. Gebt Cayennepfeffer und Zimt oben auf das Salz. Platziert die Kerze fest in der Mitte der Mischung.

Entzündet die Kerze und weckt eure Sinne im Licht der tanzenden Flamme. Sprecht:

»Meine Augen sehen Schönheit in Wohlgestalt.
Meine Nase riecht Lust an meines Liebhabers Hals.
Meine Ohren hören schneller werdenden Atem.
Meine Finger streichen die erogenen Zonen.
Meine Lippen schmecken die Lust in jedem Kuss.«

Bewegt euren Körper weiter im Takt der Musik. Nehmt den Duft im Raum auf. Wenn ihr spürt, dass die Energie sich in euch anspannt, blast die Kerze aus und gebt euch den vor euch liegenden Freuden hin.

Die Erkältung austricksen

ZIEL DES ZAUBERS: Dieser Zauber ist ein traditionelles Küchenhexen-Ritual für eine beruhigende Inhalation an Tagen, an denen euch eine Erkältung niederdrückt.

EMPFOHLENER ZEITPUNKT:
wenn benötigt

BENÖTIGTE GEGENSTÄNDE:

- mittelgroßer Kochtopf, mit Wasser gefüllt
- Teetasse
- Athame
- Handtuch

MAGISCHE ZUTATEN:

- 1 Rauchquarz-Kristall
- Werd-Gesund-Trank:
  - ½ Teelöffel gehackter Knoblauch
  - eine Prise Cayennepfeffer
  - 1 Teelöffel frischer Ingwer
  - 2 Esslöffel Zitronensaft
  - ½ Teelöffel Zimt
  - 1 Teelöffel Honig, wenn gewünscht
- Mischung von ätherischen Ölen:
  - 4 Tropfen Eukalyptusöl
  - 3 Tropfen Pfefferminzöl
  - 2 Tropfen Rosmarinöl

Stellt den Topf mit Wasser zum Kochen auf den Herd.

Ladet euer Handtuch mit beruhigenden Schwingungen auf, indem ihr es um den Bergkristall wickelt. Legt das Handtuch zur Seite, aber so, dass es noch in Reichweite ist.

Bereitet eure Mischung vor. Kippt den Knoblauch, Zitronensaft und Ingwer in einer kleinen Schale zusammen. Rührt den Cayennepfeffer und den Zimt unter. Wenn alles gut vermischt ist, gebt die Masse in die Teetasse. Drückt die Spitze eures Athames in die Mitte der Mischung.

Haltet das Athame fest und sprecht:

»Die Macht der Erkältung schneide ich klein,
steche dies Messer in die Krankheit hinein.
Der Trank vertreibt sie und schenkt mir Stille,
so soll es sein, das ist mein Wille.«

Wenn das Wasser aufkocht, nehmt es von der Herdplatte und füllt damit eure Teetasse. Stellt das restliche Wasser auf eine kalte Herdplatte zurück und gebt die Mischung von ätherischen Ölen hinzu.

Senkt euer Gesicht vorsichtig in den aus dem Topf aufsteigenden Dampf, achtet aber darauf, dass der Dampf nicht zu heiß ist. Bedeckt euren Kopf mit dem Handtuch, damit der Dampf in euer Gesicht steigt. Das Wasser wird noch eine Weile dampfen, und ihr atmet diesen medizinischen Dampf ein. Konzentriert euch beim Einatmen auf die heilende Energie, die in euren Hals, eure Lunge und eure Brust wandert. Lasst beim Ausatmen die Erkältung aus eurem Körper entweichen, damit der Dampf sie reinigen kann. Atmet so weiter, bis das Wasser abgekühlt ist. Trocknet euch das Gesicht mit dem Handtuch ab und kippt das Wasser – und eure Krankheit – in den Ausguss.

Trinkt zum Abschluss euren abgekühlten Heiltrank. Gebt bei Bedarf etwas Honig auf den Tassenrand, bevor ihr trinkt. Haltet beim Trinken euren Rauchquarz zur Unterstützung in der Hand. Reinigt euren Gaumen bei Bedarf mit etwas dunkler Schokolade. Legt euch mit einem guten Buch ins Bett und kuriert euch aus.

Schlafenszeit-Kerzenmagie

ZIEL DES ZAUBERS: Mit diesem Zauber könnt ihr besser ein- und durchschlafen, indem ihr die beruhigende Kraft des Lavendels, Salbeis, von Amethysten und der ätherischen Öle nutzt, deren Energien ihr durch Kerzenmagie beschwört.

EMPFOHLENER ZEITPUNKT:
vor dem Schlafengehen

BENÖTIGTE GEGENSTÄNDE:

- 1 Kerze
- Feuerzeug
- 1 Teller
- Kessel, gefüllt mit 5 Zentimeter Salz
- 1 kleines Jutesäckchen oder ein Stück Stoff

MAGISCHE ZUTATEN:

- ¼ Tasse getrockneter Lavendel
- 1 Teelöffel geriebener Salbei
- 1 Amethyst-Kristall
- 1 Rauchquarz-Kristall
- Lavendelöl, Ylang-Ylang-Öl, Jasminöl oder Vanilleöl (wählt den Duft, den ihr am beruhigendsten empfindet)

Beginnt damit, Lavendel und Salbei zu vermengen und auf dem Teller auszubreiten. Malt mit dem Finger ein Pentagramm in die Mischung, um sie aufzuladen.

Salbt die Kerze mit dem von euch ausgewählten ätherischen Öl.

Rollt die Kerze in der Kräutermischung, bis sie einen Kräutermantel hat. Steckt die frisch gekräuterte Kerze in die Mitte des mit Salz gefüllten Kessels. Gebt die restlichen Kräuter in das Jutesäckchen.

Platziert das Säckchen und die beiden Kristalle vor der Kerze. Die Energie der brennenden Kerze wird sie mit ihrem ganzen Einschlafpotenzial aufladen.

Wenn ihr so weit seid, entzündet die Kerze und sprecht:

»Ich entzünde den Docht am Ende des Sonnenscheins,
dann zähle ich runter von der Zehn bis zur Eins.«

Setzt euch in bequemer Haltung vor die Kerze. Konzentriert euch auf die tanzende Flamme oder schließt die Augen und badet im Kerzenlicht, je nachdem, was euch besser entspannt.

Atmet tief ein. Lasst eure Brust mit Luft anschwellen. Haltet die Luft drei Sekunden in der Lunge. Denkt in diesen drei Sekunden an nichts. Atmet dann komplett aus und nennt am Ende des Ausatmens die Zahl »Zehn«. Wiederholt diese Atmung. Atmet wieder tief ein, haltet den Atem für drei Sekunden, atmet vollständig aus und sagt: »Neun«. Macht so weiter bis zur »Eins«.

Das Ziel ist, euren Körper zu bremsen. Stellt euch vor, wie

ihr vom Tag ablasst. Schenkt euch selbst etwas Zeit, in der ihr nichts tut, außer zu atmen. Lasst die gebremste Energie durch euren Körper treiben und eure Unruhe heilen.

Wenn ihr fertig seid, blast die Kerze aus und sprecht:

»Der Zauber ist fertig, so soll es sein,
ruhig und sanft schlaf ich nun ein.«

Legt euer Säckchen mit Kräutern und die beiden Kristalle auf euren Nachttisch oder unter euer Kissen, um die beruhigende Energie die ganze Nacht bei euch zu haben.

Dreifaltige-Göttinnen-Kraft

ZIEL DES ZAUBERS: Dieser Zauber belebt und erneuert euren Körper. Man bezeichnet die Muttergöttin als Dreifaltige Göttin, wenn man die drei Stufen des weiblichen Lebenszyklus ehren will: Jungfrau, Mutter und Altes Weib. Egal welchem Glauben man persönlich folgt, liegen kraftvolle magische Energien in dem natürlichen Zyklus von Jugend, Fruchtbarkeit und hohem Alter. Beschwört die drei Facetten der Dreifaltigen Göttin, um euren Körper zu erneuern und zu beleben.

EMPFOHLENER ZEITPUNKT:
Neumond, zunehmender Mond

BENÖTIGTE GEGENSTÄNDE:
- 3 Kerzen
- Feuerzeug

MAGISCHE ZUTATEN:
- ¼ Teelöffel gemahlener Ingwer

Zauber

Beginnt damit, dass ihr den gemahlenen Ingwer vorsichtig über die Kerzen rieseln lasst, um erfrischende Heilenergien zu wecken.

Sprecht:

»Ich entzünde hier dieser Kerzen drei,
rufe die Macht der Göttin herbei.
Beleb und erneuer meines Körpers Saft,
erfülle mich ganz und gib mir wieder Kraft.«

Entzündet die erste Kerze und sprecht:

»Die erste Flamme für die Jungfrau,
ihre ewige Jugend belebt meinen Saft.«

Entzündet die zweite Kerze und sprecht:

»Die zweite Flamme für die Mutter,
ihre leitende Hand schenkt mir liebende Kraft.«

Entzündet die dritte Kerze und sprecht:

»Die dritte Flamme fürs Alte Weib,
ihre Weisheit erfüllt meinen Leib.
Göttin, gib mir die Kraft, lass mich nicht allein,
ich nutz sie in Liebe und Andenken dein.
Hier endet mein Wunsch, so soll es sein.«

Setzt euch vor die Kerzen und badet in der Liebe der Muttergöttin. Wenn ihr so weit seid, blast die Kerzen aus und verbringt euren Tag in dem Wissen, dass die Kraft der Muttergöttin euren Körper belebt hat.

Schönheitsritual

ZIEL DES ZAUBERS: Dieser Zauber soll euch ein positives Körperbild vermitteln und euch mit Liebe und Dankbarkeit euren Körper besser lieben lehren. Indem ihr eure Körperteile mit Dankbarkeit durchflutet, ermutigt ihr euren Körper zu gedeihen und zu heilen und verwandelt Selbstherabsetzung in Selbstakzeptanz.

EMPFOHLENER ZEITPUNKT:
wann immer es euch an Selbstbewusstsein mangelt oder ihr keine Selbstliebe empfindet

BENÖTIGTE GEGENSTÄNDE:

- Diffuser für ätherische Öle

MAGISCHE ZUTATEN:

- 1 Rosenquarz-Kristall
- 1 Aventurin-Kristall
- Mischung von ätherischen Ölen:
  - 3 Tropfen Rosmarinöl
  - 3 Tropfen Orangenöl
  - 2 Tropfen Bergamotteöl

Setzt euch mit eurer Ölmischung im Diffuser an einen ruhigen, gemütlichen Ort. Haltet den Rosenquarz in einer Hand und den Aventurin in der anderen. Schließt die Hände um die Steine zu Fäusten.

Atmet langsam und entspannt ein und aus, während ihr euch auf die lieben Energien des Aventurins konzentriert. Stellt euch vor, wie die Steine pulsierende Energiewellen eure Arme hinauf und in eure Mitte senden. Spürt die Heil- und Liebesenergien, die sich verbinden und in Form einer Acht endlos durch euren Körper wandern.

Wenn ihr so weit seid, sprecht:

»Ich bin belastbarer,
als ich weiß.
Ich bin stärker,
als ich mich fühle.
Ich bin klüger,
als ich glaube.
Ich bin schöner,
als ich mir vorstellen kann.
Ich heile.«

Wiederholt das dreimal. Schlaft in dieser Nacht mit den Steinen unter eurem Kopfkissen, um ihre heilende Liebe ganz und gar aufzunehmen.

Heilt euren Geist

Der Geist ist eine der machtvollsten Komponenten der Heilmagie. Indem ihr lernt, euren aufgebrachten Geist zu beruhigen – mit Wissen, neuen Perspektiven und der Fähigkeit, loszulassen –, könnt ihr negative Gefühle und Energien gegen bessere, nützlichere Gedanken austauschen. Gefühle wie Zweifel, Eifersucht, Angst, Hass, Zorn und Teilnahmslosigkeit werden durch die Anwendung der heilenden Kraft bewusster Liebe vertrieben. Die folgenden Sprüche sind so zusammengestellt, dass sie euch helfen, Frieden zu finden, damit ihr heilen und dadurch bessere und effektivere Energien beschwören könnt, die ihr für die Allgemeinheit einsetzt.

Magischer Kristall-Cairn

ZIEL DES ZAUBERS: Dieses Ritual soll euch helfen, euch zu erden, Ausgeglichenheit zu finden und euren Geist für notwendige Heilung vorzubereiten. »Cairns« sind ausbalancierte, von Menschen geschaffene Steinstapel, die von unseren Vorfahren als Wegmarkierungen und Markierungspunkte für magische Orte genutzt wurden. Nutzt diese uralte Form eines Cairns, indem ihr mit euren Kristallen ein Zeichen geerdeten Gleichgewichts an euren magischen Ort setzt.

EMPFOHLENER ZEITPUNKT:
wenn benötigt

BENÖTIGTE GEGENSTÄNDE:
- eine flache, ruhige Oberfläche

MAGISCHE ZUTATEN:
- 4 oder 5 Kristalle eurer Wahl

ZAUBER

Wählt Steine aus eurer Sammlung, die dafür geeignet sind, sie ausbalanciert aufeinanderzustapeln. Meist geht das umso leichter, je flacher die Steine sind. Falls ihr nicht genug stapelbare Kristalle habt, könnt ihr auch in der Umgebung flache Steine suchen, die denselben Zweck erfüllen. An Stränden und

Bächen gibt es oft eine Menge vom Wasser flach geschliffene Steine, die ihr nutzen könnt.

Legt die Steine in einer Reihe auf euren Altar, sortiert vom größten ganz links zum kleinsten ganz rechts. Legt jetzt vorsichtig und geduldig die kleineren Kristalle auf die größeren. Achtet darauf, wie die feste Grundlage es erlaubt, dass ihr nach oben bauen könnt. Spürt, wie die kleinen Steine auf die Stütze der größeren angewiesen sind, um das Gleichgewicht zu halten, und denkt darüber nach, wie die Grundlagen und Stützen in eurem eigenen Leben wirken. Wo könntet ihr mehr von dem einen oder anderen gebrauchen?

Während ihr überlegt, segnet ihr euren Cairn mit folgendem Spruch:

»Steine voll Balance und Einklang
helft meinem Geist mit sicherem Stand.
Baue euch stetig zum Himmelsrund,
und lasse mich stützen von festem Grund.«

Wenn ihr so weit seid, lasst euren Cairn stehen, damit er seine Magie wirken und als Erinnerung daran dienen kann, euch auf euer eigenes Fundament zu besinnen, wenn ihr euch aus dem Gleichgewicht geraten fühlt.

Magisch gewebter Zopf

ZIEL DES ZAUBERS: Dieser Zauber nutzt die Kräfte von Heilkräutern und Webmagie, um den rastlosen Geist zu beruhigen.

EMPFOHLENER ZEITPUNKT:
zunehmender Mond, Vollmond

BENÖTIGTE GEGENSTÄNDE:

- 3 Stoffbänder oder Streifen eines alten Stoffstücks mit 5 Zentimeter Breite und 30 Zentimeter Länge. Ein altes T-Shirt leistet hier gute Dienste.
- große, hitzebeständige Schale
- kochendes Wasser

MAGISCHE ZUTATEN:

- 1 Teelöffel geriebener Salbei
- 1 Teelöffel geriebene Nelken
- 1 Teelöffel geriebener Anis

(Nehmt jeweils 1 Esslöffel, falls ihr frischen Salbei, ganze Nelken oder Sternanis verwendet.)

ZAUBER

Legt die drei Stoffstreifen neben eure hitzebeständige Schale auf euren Altar.

Gebt den Salbei, die Nelken und den Anis in die Schale. Kippt dann das kochende Wasser über die Kräuter, um ihre Kräfte zu wecken. Gebt, solange das Wasser dampft, nacheinander die Stoffstreifen in die Schale.

Sprecht:

»Der erste Streifen ist zum Schutz,
bewahrt mich vor großem Leid.

Der zweite Streifen ist zur Ruhe,
schenkt mir Mut und Gelassenheit.

Der dritte Streifen stärkt meinen Geist,
hilft mir mit Selbstvertrauen,
das mich von meinen Ängsten befreit.«

Lasst die Streifen in der Magie der Gewürze baden, bis das Wasser abgekühlt ist. Genießt den beruhigenden Duft der Kräuter, während sie ihre heilende Energie abgeben.

Sobald die drei Streifen abgekühlt sind, flechtet oder dreht sie ineinander, um den Spruch zu binden.

Legt die verschlungenen Bänder zum Trocknen über Nacht auf euren Altar.

Tragt den magisch gewebten Zopf bei euch, damit er euch bei Aufregung beruhigen kann.

Das Hexenglas

ZIEL DES ZAUBERS: Dieser Zauber nutzt die verbannende Magie des traditionellen Hexenglases, um Wut wegzusperren und zu besänftigen. Wut verhindert Heilung, selbst wenn sie gerechtfertigt ist. Wut bringt uns dazu, Dinge zu tun oder zu sagen, die wir nicht so meinen und die gegen unsere heilende Aufgabe wirken. Wut zu besänftigen ist in sich ein Akt der Heilung, gerade wenn man bedenkt, welchen Frieden es uns schenkt. Nutzt diesen Glaszauber, um eure Wut zu lindern, damit ihr mit klarem Geist an eure Probleme herangehen könnt.

EMPFOHLENER ZEITPUNKT:
wenn benötigt

BENÖTIGTE GEGENSTÄNDE:

- mittelgroßes Glas mit Deckel
- eine Handvoll spitzer Objekte wie Reißnägel, Stecknadeln oder Nägel
- Kerze und Feuerzeug für heißes, flüssiges Wachs

MAGISCHE ZUTATEN:

- 2 Esslöffel Oregano
- 2 Esslöffel Kamille
- 1 Turmalin-Kristall
- 1 Jaspis-Kristall

Gebt die einzelnen spitzen Objekte nacheinander in das Glas. Bei jedem einzelnen, das ihr fallen lasst, denkt ihr an einen Grund, aus dem ihr wütend seid. Zieht wirklich alle Energie aus den Worten oder Taten, die euch verletzt haben. Lasst sie raus, indem ihr die spitzen, angsteinflößenden Dinge loslasst. Und denkt daran, dass der vernünftige Umgang mit Wut eure Gesundheit schützt.

Gebt als Nächstes den Oregano ins Glas, um Frieden und Loslassen zu ermöglichen, und dann die Kamille für einen beruhigenden Effekt.

Anschließend legt ihr die Steine auf die Kräuter. Der Turmalin wird die Wut absorbieren, und der Jaspis wird eure Gefühle erden und ausgleichen.

Nutzt das Feuerzeug, um damit Wachs von der Kerze zu schmelzen. Schließt dann den Deckel des Glases und versiegelt ihn mit Wachs. Vergrabt das Hexenglas mit der abgegebenen Wut draußen, damit die Magie der Erde sie aufnehmen und wegleiten kann, sodass ihr mit klarem Geist weitermachen und euch von den schädlichen Effekten der Wut heilen könnt. Grabt euer Glas nach drei Tagen wieder aus und holt euch die Kristalle zurück, um sie neu aufzuladen. Die restlichen Zutaten entsorgt ihr zusammen mit eurer Wut in einer Mülltonne außerhalb eures Hauses.

Belebender Sprühnebel

ZIEL DES ZAUBERS: Depressive Phasen können uns vollständig lähmen. Selbst scheinbar einfache Aufgaben, wie morgens zu duschen, erscheinen uns dann unmöglich.
Als Hilfe, euch aus dem Dunkel und zurück ins Licht zu ziehen, kann dieser magische Sprühnebel dienen, mit dem ihr eure Laken und Bettwäsche, eure Kleidung, den Körper oder die Haare besprühen könnt. Stellt ihn her, wenn ihr euch gut fühlt, und stärkt euch damit in Zeiten, in denen ihr kaum Energie für irgendetwas aufbringen könnt.

EMPFOHLENER ZEITPUNKT:
herstellen bei Vollmond, benutzen, wenn benötigt

BENÖTIGTE GEGENSTÄNDE:
- leere, saubere Sprühflasche
- 30 Milliliter destilliertes Wasser
- 30 Milliliter Hydrosol oder Wodka

MAGISCHE ZUTATEN:
- Rauchquarz-Kristalle
- Rosenquarz-Kristalle
- Mischung von ätherischen Ölen:
  - 8 Tropfen Ylang-Ylang-Öl
  - 8 Tropfen Bergamotteöl
  - 8 Tropfen Orangenöl

Gebt das Wasser und den Alkohol in die Sprühflasche. Schwenkt die Flasche leicht, um die Flüssigkeiten zu vermengen.

Gebt die Öle in die Flasche. Schwenkt die Flasche wieder leicht, um die Flüssigkeiten gut zu vermischen.

Stellt die Flasche draußen ins Vollmondlicht und platziert die Quarz-Kristalle drum herum. Lasst die Energie des Vollmonds die Kristalle und die Mischung in der Flasche aufladen, damit sie ihre depressionslösenden Eigenschaften verbinden können.

Lagert die Flasche an einer kühlen, dunklen Stelle. Ihr könnt sie einen Monat lang benutzen und damit eure Kleidung, Bettwäsche, das Sofa oder eure Haare besprühen, um eure Stimmung zu heben und euch wieder frisch zu fühlen.

Magischer Stressball

ZIEL DES ZAUBERS: Reduziert euren Stress mit der Herstellung dieses magischen Stressballs, den ihr in eurem Zuhause oder auf eurem Altar ausstellen könnt.

EMPFOHLENER ZEITPUNKT:
herstellen bei abnehmendem Mond

BENÖTIGTE GEGENSTÄNDE:

- Diffuser für ätherische Öle
- 1 große Orange
- Zahnstocher
- Teller
- Basteldraht (ein Weihnachtsschmuckhaken oder eine Büroklammer funktionieren auch)
- Faden oder Schnur
- kleines Glas

MAGISCHE ZUTATEN:

- Muster:
  - ½ Tasse ganze Nelken
- Kräutermischung:
  - 1 Teelöffel Zimt
  - 1 Teelöffel geriebene Nelken
  - 1 Teelöffel Muskat
  - 1 Rauchquarz-Kristall

- Mischung von ätherischen Ölen:
  - 2 Tropfen Lavendelöl
  - 2 Tropfen Bergamotteöl
  - 1 Tropfen Orangenöl
  - 2 Tropfen Ylang-Ylang-Öl

ZAUBER

Gebt die Ölmischung in den Diffuser und schaltet ihn ein.

Steckt die Nelken mit dem spitzen Ende in die Orange, um wohlduftende, stresslindernde Muster darauf zu bilden. Ihr könnt mit dem Zahnstocher kleine Löcher vorstechen, um die Muster zu gestalten, und die Nelken dann anschließend in das Muster einfügen. Lasst eurer Fantasie freien Lauf. Mögliche Muster wären zum Beispiel Herzen, Sterne, Diamanten, Linien, Pfeile oder Buchstaben.

Bereitet eure Kräutermischung vor, indem ihr die Gewürze mischt und auf dem Teller verteilt.

Rollt die Orange mit den Nelkenmustern über die Mischung auf dem Teller. Seht, wie die Säfte, die durch die Löcher in der Orangenschale kommen, dabei helfen, dass die Kräuter fest an der Orange haften. Lasst die Orange eine Weile auf dem Teller liegen.

Nehmt dann die Orange und durchstecht die Schale mit dem Draht. Führt den Draht ein paar Zentimeter unter einem festen Stück Schale hindurch, und dann wieder nach außen. Befestigt den Faden oder die Schnur am Draht. Hängt den magischen Stressball an eine Türklinke oder Gardinenstange, von wo aus er Antistressschwingungen ausstrahlen wird. Entsorgt die Orange, wenn sie anfängt, blass zu werden.

Bonus: Sammelt den Rest der Kräutermischung in einem Glas und gebt einen Rauchquarz-Kristall hinzu, um sie zu aktivieren. Das Glas könnt ihr auf eurem Altar stehen lassen, oder in eurem Auto im Handschuhfach, neben eurem Bett, in einer Schublade im Büro – wo immer ihr im Leben etwas Stresslinderung benötigt.

Mondheilung für gebrochene Herzen

ZIEL DES ZAUBERS: Nichts schmerzt so sehr wie ein gebrochenes Herz, da sind sich alle einig. Derart mächtige Schmerzen kann man nicht mit einem Fingerschnipsen heilen, aber beständige Heilarbeit hilft enorm. Dieser Zauber ist eine effektive Art, um mithilfe des Mondzyklus eine vergangene Liebe loszulassen und mit Zuversicht und Liebe weiterzuziehen.

EMPFOHLENER ZEITPUNKT:
Findet die Daten des nächsten Neumonds, zunehmenden Mondes, Vollmonds und abnehmenden Mondes heraus. Ihr führt diesen Spruch an jedem dieser Abende durch, um euch kontinuierlich zu heilen und zu befreien.

BENÖTIGTE GEGENSTÄNDE:

- Kessel
- Schere
- kleines Glas
- 3 Schnüre oder Fäden (je 15 Zentimeter lang)
- Stabfeuerzeug
- ein Foto von euch und eurer Ex-Liebe

MAGISCHE ZUTATEN:

- 1 Sodalith-Kristall
- 1 Jaspis-Kristall
- 1 Fluorit-Kristall
- 1 Rosenquarz-Kristall

Zauber

In der Nacht des Neumonds liegt der Fokus des Zaubers darauf, dass ihr euch der Trennung widmet, damit ihr neu anfangen könnt.

Fangt damit an, dass ihr das Foto in zwei Hälften reißt, mit euch auf der einen und eurer Ex-Liebe auf der anderen Hälfte. Legt beide Hälften auf euren Altar und verbindet sie mit einem Faden. Haltet den Sodalith – ein Stein des verbalen Ausdrucks und Friedens – in einer Hand. Legt euren Zeigefinger auf den Faden. Stellt euch vor, dass eure Ex-Liebe vor euch steht. Sagt ihr alles, was ihr ihr sagen möchtet. Vielleicht schreit ihr sie an, vielleicht weint ihr, vielleicht sagt ihr ihr, dass ihr sie liebt. Sagt, welche Wahrheit auch immer ihr gerade empfindet. Wenn ihr fertig seid, schneidet ihr den Faden durch und bewahrt ihn zusammen mit dem Foto und dem Sodalith in dem Glas auf. Lasst die beruhigende, wahrheitsvolle Magie des Sodaliths auf den durchtrennten Faden und die Fotohälften wirken.

Als Nächstes kommt die Nacht des zunehmenden Mondes. Legt wieder die beiden Fotohälften aus dem Glas auf euren Altar und verbindet sie mit einem neuen Faden. Haltet den Jaspis – ein Stein der Erdung und Verwurzelung – in einer Hand. Legt euren Zeigefinger auf den Faden und denkt an all die

Dinge, die ihr im Laufe der letzten Woche für euch selbst getan habt und weiter tun könnt. Kehrt zu euren eigenen Wurzeln zurück. Vielleicht wollt ihr malen, kochen oder schreiben. Findet einen Punkt, von wo aus ihr wieder ein Fundament eurer eigenen Stärken und Talente aufbauen könnt. Wenn ihr fertig seid, durchtrennt den Faden und legt ihn neben den anderen Fäden, den Fotohälften und dem Jaspis in das Glas. Lasst den Jaspis euch in neuen Anfängen verwurzeln.

Als Nächstes kommt die Nacht des Vollmonds. Legt erneut die beiden Fotohälften auf euren Altar und verbindet sie mit einem neuen Faden. Haltet den Fluorit – ein Stein der Reinigung und Säuberung – in einer Hand. Legt euren Zeigefinger auf den Faden und sagt eurer Ex-Liebe alles, was ihr an ihr ablehnt. Konzentriert euch auf die Dinge, die euch verletzt haben oder ungesund für euch waren. Gebt das alles in den Faden und den Fluorit, lasst alle negativen Energien raus. Ihr habt nur positive Schwingungen verdient. Wenn ihr fertig seid, durchtrennt den Faden und gebt ihn mit den Fotohälften, dem Fluorit und den anderen Fäden in das Glas. Lasst den Fluorit die schlechten Energien der Beziehung aus eurer Vergangenheit säubern, damit ihr frei von belastenden Schwingungen weitermachen könnt.

Als Letztes kommt die Nacht des abnehmenden Mondes. Seht, wie weit ihr gekommen seid, Hexende! Es wird Zeit, all eure Fäden und die Fotohälfte mit eurer Ex-Liebe zu nehmen. Verbrennt sie in eurem Kessel zu Asche. Ein Stabfeuerzeug eignet sich gut dafür, weil ihr die Flamme direkt an die Gegenstände halten könnt. Haltet den Rosenquarz in der Hand, während ihr sie verbrennt. Spürt, wie ihr die Vergangenheit loslasst. Sendet diese Erleichterung in Form von Selbstliebe in euren Rosenquarz. Lasst eure vergangene Liebe ein letztes Mal ziehen und tretet voll selbstbewusster Kraft und Optimismus in eine prachtvolle Zukunft wieder hervor. Tragt den Rosenquarz bis zum Neumond bei euch, dann wird der Zauber vollendet sein.

Da klingelt was

ZIEL DES ZAUBERS: Dieses magische Glöckchen soll euch helfen, ein nachlassendes Gedächtnis zu heilen, euer Erinnerungsvermögen zu stärken und besser Informationen abzurufen.

EMPFOHLENER ZEITPUNKT:
zunehmender Mond, Vollmond

BENÖTIGTE GEGENSTÄNDE:

- Glöckchen
- kleine Schale mit warmem Wasser
- Kerze
- kleines Jutesäckchen

MAGISCHE ZUTATEN:

- 1 Teelöffel geriebener Zimt
- 1 Esslöffel ganze Nelken
- 1 Amethyst-Kristall
- 1 Bergkristall

Zauber

Entzündet die Kerze neben der Schale mit warmem Wasser. Wusstet ihr, dass Wasser ein Gedächtnis hat? Da Wasser immer wieder den natürlichen Zyklus von Verdampfung und Kondensation durchläuft, ist es eine sehr wirksame Zutat für Beständigkeit. Denkt daran, während ihr euren Finger im Uhrzeigersinn dreimal durch das Wasser streichen lasst, um es im Kerzenlicht aufzuladen.

Lasst das Glöckchen dreimal erklingen.

Gebt den Zimt, die Nelken und die Kristalle in das Wasser.

Lasst das Glöckchen noch einmal dreimal erklingen.

Lasst die Kerze mindestens eine Stunde lang brennen, während die Zutaten sich aufladen.

Wenn ihr das Gefühl habt, dass die Energie voll aufgeladen ist, lasst ihr das Glöckchen erneut dreimal erklingen.

Gießt das Wasser aus der Schale. Kräuter und Kristalle gebt ihr in das Jutesäckchen und legt sie zum Trocknen unter das Licht des Vollmonds. Wann immer ihr eurem Gedächtnis auf die Sprünge helfen wollt, berührt oder beschnuppert ihr das Säckchen. Legt es während der Arbeit oder beim Lernen auf euren Schreibtisch. Lasst die Magie euer zerstreutes Gehirn heilen und euch helfen, Informationen besser abzurufen.

Ein Glas voller Glück

ZIEL DES ZAUBERS: Dieser Glaszauber ist eine machtvolle Art, glückliche und optimistische Energien zu erzeugen, wenn man sich niedergeschlagen fühlt. Auf diesen Heilzauber könnt ihr immer dann zurückgreifen, wenn ihr ihn benötigt.

EMPFOHLENER ZEITPUNKT:
Vollmond

BENÖTIGTE GEGENSTÄNDE:
- leeres Weck- oder Einmachglas, 5 cm hoch mit Salz gefüllt
- kleine Kerze
- Feuerzeug

MAGISCHE ZUTATEN:
- 3 Esslöffel Kamille
- 5 Zweige frische Minze
- 1 Zitrin-Kristall
- 1 Karneol-Kristall
- 3 Tropfen Orangenöl

Zauber

Gebt die Kamille oben auf das Salz und legt die Minzzweige innen um den Rand des Glases herum aus. Legt auch den Zitrin und den Karneol in das Glas.

Salbt die Kerze mit dem Orangenöl, während ihr sprecht:

»Duft der Freud und Heiterkeit,
verbrenn die Furcht und Traurigkeit.«

Steckt die Kerze in das Salz.

Wenn ihr so weit seid, entzündet die Kerze und sprecht:

»Glas der Hoffnung, tapfer und frei,
dieses Licht teile das Dunkel entzwei.
Ich bezeuge der Freude wachsende Schar
und nutze ihr Leuchten für ein ganzes Jahr.«

Wartet, bis die Kerze bis unter den Rand des Glases abgebrannt ist, falls sie noch nicht so weit ist. Blast die Kerze aus und schließt schnell das Glas, um noch etwas von dem Kerzenrauch darin einzufangen.

Dieses Glas wird glückliche Schwingungen aussenden, sucht euch also ein offenes Plätzchen dafür. Vielleicht passt es gut neben die Küchenspüle, während ihr den Abwasch macht, oder auf eure Kommode, wo es euch morgens beim Anziehen Glück zusendet.

Wenn ihr spürt, dass die Kraft des Glases nachlässt, müsst ihr nur die Kerze im Mondlicht ein paar Minuten wieder entzünden, um es neu aufzuladen. Für einen kurzen, belebenden Schub könnt ihr auch die Minze austauschen. Für gewöhnlich reicht die Kraft des Glases so lange, wie die Kerze hält. Dann könnt ihr beim nächsten Vollmond ein neues Glas herstellen, wenn ihr mögt.

Stärker als alle anderen

ZIEL DES ZAUBERS: Dieser Zauber weckt eure innere Kraft, die euer Heilvermögen offenbart und steigert, indem ihr euren Spiegel verzaubert.

EMPFOHLENER ZEITPUNKT:
zunehmender Mond, Vollmond

BENÖTIGTE GEGENSTÄNDE:
- kleine Schale
- 1 Esslöffel Trägeröl (zum Beispiel Jojobaöl)
- Spiegel
- 2 Schnüre oder Fäden (je 30 Zentimeter)

MAGISCHE ZUTATEN:
- 3 Zweige Rosmarin
- 3 Zweige Thymian
- 7 Tropfen Teebaumöl oder Zedernholzöl (welcher Duft euch mehr Heilvermögen schenkt)

Zauber

Gebt die sieben Tropfen eures ausgewählten Öls in einen Esslöffel eines Trägeröls wie Jojobaöl. Gebt die Mischung in eine kleine Schale auf eurem Altar.

Lasst die beiden Fäden oder Schnüre mindestens eine Stunde in dem Öl liegen. So können die festigenden und stärkenden Eigenschaften der Öle die Fäden wirklich durchdringen.

Nehmt dann die Fäden heraus und zieht sie durch Daumen und Zeigefinger, um das überschüssige Öl herauszupressen. Ihr könnt eure Schläfen und den Nacken mit dem Öl an euren Fingern salben, falls ihr einen Schuss erdende Kraft benötigt.

Als Nächstes formt ihr zwei Kräuterbündel. Bindet die drei Rosmarinzweige mit einem der Fäden zusammen, um eure Heilkraft zu verstärken. Bindet die drei Thymianzweige mit dem anderen Faden zusammen, um Kraft an euch zu binden.

Nun wird es Zeit, euren Spiegel zu verzaubern. Nehmt je eines der Kräuterbündel in eine Hand.

Schwenkt die Bündel vor und hinter eurem Spiegel und sprecht:

»Spieglein, Spieglein mit meinem Bild darin,
verzaubert mit Thymian und Rosmarin.
Das Abbild der Hexe im Spiegel ist mein,
besitzt mächtige Heilkraft, so soll es sein.«

Hängt eure Kräuterbündel oben an die Ecken eures Spiegels oder legt sie vor den Spiegel. Während sie trocknen, versiegeln sie euren Spiegel als ein verzaubertes, magisch verstärktes Bild eurer inneren Macht und Heilkraft, auf die ihr immer zugreifen könnt, wenn ihr in den Spiegel schaut.

Seelen-Spirale

ZIEL DES ZAUBERS: Dieser Zauber wird euch helfen, euch von negativen, toxischen Mustern zu befreien, die euch davon abhalten, eure ganze Heilkraft zu nutzen.

EMPFOHLENER ZEITPUNKT:
Vollmond, abnehmender Mond, Neumond

BENÖTIGTE GEGENSTÄNDE:

Kerze
Kessel
Athame
Stift und Papier
kleine Schale, gefüllt mit 3 bis 5 Zentimeter Salz
Stabfeuerzeug

MAGISCHE ZUTATEN:

½ Tasse ganze Pfefferkörner oder ganze Nelken
1 Esslöffel Kurkuma
1 Fluorit-Kristall

Zauber

Schreibt zunächst all die toxischen Muster oder Personen auf, die euch davon abhalten, eure volle Heilkraft zu entfalten.

Entzündet die Kerze und sprecht:

»Brenne und erlöse, befreie mich.
Zeige mir mein wahrstes Ich.
Vertreibe Angst und Negativität.
Fort, lähmende Muster, bevor es zu spät!«

Zündet den Zettel mit der Kerzenflamme an und lasst ihn in den Kessel fallen, wenn das Feuer sich euren Fingern nähert. Falls nötig, verbrennt Reste des Zettels mit dem Stabfeuerzeug. Stellt den Kessel mit der Asche zur Seite.

Widmet euch nun der Vertreibungsmischung. Nehmt die Schale mit Salz und streut eine Schicht Pfefferkörner oder Nelken darauf. Gebt dann gleichmäßig das Kurkuma darüber und schließt mit einer Schicht Asche aus dem Kessel ab.

Stecht mit der Spitze eures Athames an der oberen linken Ecke der Schale in die Mischung. Bewegt die Klinge langsam und gleichmäßig gegen den Uhrzeigersinn spiralförmig im Kreis und zieht so eine spiralförmige Linie bis zur Mitte der Schale.

Stoppt in der Mitte und sprecht:

»Spirale rein, Spirale raus,
saug alle Zweifel und Muster hinaus.
Spirale hinfort, Spirale bleib hier,
reg mich, befrei mich, neue Wege schenk mir.«

Zieht das Athame heraus. Besiegelt eure neu gezogene Spirale, indem ihr den Fluorit in die Mitte legt. Lasst die magische Spirale auf eurem Altar stehen, um die negative, toxische Energie zu absorbieren und aus eurem Leben zu ziehen. Entsorgt die Mischung, indem ihr sie nach sieben Tagen und Nächten draußen verstreut, um den Spruch zu vollenden.

Hochgestapelte Heilung

ZIEL DES ZAUBERS: Der Zweck dieses Zaubers ist eine rituelle Verbrennung, um euch von den Effekten des Hochstapler-Syndroms zu befreien, das euch daran hindert, eure ganze Macht nutzen zu können.

Das Hochstapler-Syndrom bezeichnet den verinnerlichten Glauben, dass ihr wertlos seid. Es ist ein Gefühl der eigenen Unzulänglichkeit, ganz egal, wie viele Beweise für das Gegenteil sprechen. Das Hochstapler-Syndrom ist unter Hexenden weit verbreitet, und das nicht ohne Grund. Wie viele Jahre haben wir die in uns wohnende Macht unterdrückt? Wie oft wurde uns erzählt, es gebe keine echte Magie, oder wenn doch, dann sei es böse Magie? Für viele von uns ist es ein andauernder Kampf, mit hoch erhobenem Haupt weiterzumachen und zu hexen. Hier findet ihr einen Weg, euch davon zu heilen.

EMPFOHLENER ZEITPUNKT:
zunehmender Mond, Vollmond

BENÖTIGTE GEGENSTÄNDE:

- Kessel
- kleine Kerze
- Salz

MAGISCHE ZUTATEN:

- 1 Esslöffel Thymian
- 1 Esslöffel Oregano
- 3 Zitrin-Kristalle
- 3 Bergkristalle

ZAUBER

Füllt euren Kessel mit ein paar Zentimeter Salz. Bedeckt das Salz mit dem Thymian für Stärke und mit Oregano zum Loslassen. Die Mischung aus innerer Stärke und dem Loslassen der Meinungen von außen wird euch von den quälenden Zweifeln befreien, die das Hochstapler-Syndrom mit sich bringt. Steckt die Kerze in die Mitte des Kessels.

Ladet die Mischung auf, indem ihr um den Kessel herum die Zitrine als Booster für euer Selbstwertgefühl platziert und die Bergkristalle zum Verstärken der Energie.

Entzündet die Kerze und sprecht:

»Ich bin eine Hexe.
Ich verwehre mich Zweifeln
und akzeptier meine Wahrheit.
Ich vertreibe Negativität
und ehre meinen starken Willen.
Ich stütze mich auf mein inneres Wissen
und meine Magie.
Seht, wie ich heile.
Seht, wie ich mich erhebe.
Ich bin eine Hexe.«

Lasst die Kerze ganz herunterbrennen bis zum Salz. Achtet darauf, sie nicht unbeaufsichtigt zu lassen, solange sie brennt. Vielleicht nutzt ihr die Zeit, um ein paar Witchcraft-Bücher zu lesen und euer Wissen zu vermehren. Vielleicht meditiert ihr oder macht Yoga. Nutzt die Zeit, um noch besser zu werden und euch gegen all jene zu wehren, die euch nichts zutrauen. Sobald die Kerze heruntergebrannt ist, wisst ihr, dass die von ihr ausgesandte Energie euer Selbstbild geheilt hat. Ihr SEID Hexende.

Die Bündelungsmischung

ZIEL DES ZAUBERS: Erschafft eine magische Mischung, mit der ihr euer zerstreutes Gehirn heilen und euch mehr Konzentration schenken könnt, wenn ihr sie braucht.

EMPFOHLENER ZEITPUNKT:
herstellen bei zunehmendem Mond oder Vollmond, benutzen, wenn benötigt

BENÖTIGTE GEGENSTÄNDE:

- 3 Esslöffel Olivenöl oder Traubenkernöl
- 1 kleine Pfanne
- Seihtuch
- kleines Einmachglas

MAGISCHE ZUTATEN:

- 3 Zimtstangen
- 2 Esslöffel getrocknete Lavendelblüten
- Mischung von ätherischen Ölen:
    - 8 Tropfen Orangenöl
    - 4 Tropfen Pfefferminzöl
    - 2 Tropfen Ylang-Ylang-Öl

Erhitzt das Oliven- oder Traubenkernöl bei mittlerer Hitze in der Pfanne, bis es glänzend und zähflüssig wird.

Rührt die Zimtstangen und Lavendelblüten unter und lasst sie bei niedriger Hitze drei bis fünf Minuten schmoren.

Gelegentlich umrühren.

Nehmt die Pfanne vom Herd und lasst sie weitere drei bis fünf Minuten ruhen.

Seiht die abkühlende Mischung durch das Seihtuch in das Glas ab.

Verteilt den Zimt und die Lavendelblüten draußen als Gabe an Mutter Erde.

Gebt die ätherischen Öle in das Glas.

Schüttelt die Mischung kräftig und sprecht dabei:

»Fokussiere mich, blende die Welt aus.
In Konzentration versenken,
mich nicht mehr ablenken.
Schüttel ich hoch, schüttel ich tief,
vermische dich,
bündel mein Denken massiv.«

Stellt die Mischung draußen ins Mondlicht zum Aufladen. Gebt ein paar Tropfen auf eure Handgelenke, Schläfen oder euren Nacken, wenn ihr mehr Konzentration braucht.

Die Oregano-Einstellung

ZIEL DES ZAUBERS: Dieser Zauber hilft euch, unrealistische oder sogar schädliche Erwartungen an andere aufzugeben, die euch belasten und nur in unnötiger Enttäuschung enden können. Heilt mit diesem Loslassen-Zauber eure Zukunftsaussichten.

EMPFOHLENER ZEITPUNKT:
abnehmender Mond, Neumond

BENÖTIGTE GEGENSTÄNDE:

- Kessel
- Feuerzeug

MAGISCHE ZUTATEN:

- 1 Zweig getrockneter Oregano

ZAUBER

Haltet den Oreganozweig an einem Ende über euren Kessel.

Segnet den Oregano, indem ihr sprecht:

»Kraut der Erdung, Kraut des Friedens,
schenk mir Geduld und Kraft des Erlösens.
Was ist, wird sein.
Was war, ist vorbei.
Gib mich von meinen Gedanken frei.
Ich entzünde dich hier, brenne flugs ab,
falsche Erwartung ich nie wieder hab.«

Entzündet das Ende des Oreganozweigs. Konzentriert euch, während der Zweig brennt, darauf, eure Einstellung zu verändern und Verstehen zuzulassen. Achtet darauf, wie schon die Gegenwart des heimeligen, aromatischen Dufts euch beruhigt und eure Seele öffnet. Während die Blätter im Feuer aufgehen, lasst ihr alles los, was euch davon abhält, sinnvolle, gesunde Erwartungen zu haben, indem ihr den brennenden Zweig in den Kessel fallen lasst, sobald die Flamme sich euren Fingern nähert. Atmet vorsichtig den noch in der Luft hängenden Rauch ein, um den Spruch zu vollenden. Sobald sich der Rauch verzogen hat, wirkt der Spruch.

Für manche Dinge lohnt es sich zu schmelzen

ZIEL DES ZAUBERS: Dieser Zauber soll euch Geduld schenken. Der Heilungsprozess ist oft langwierig und steinig, im Endeffekt aber lohnend. An manchen Tagen fällt es schwerer als an anderen, die nötige Geduld aufzubringen. Mit diesem Zauber erinnert ihr euch dran, dass man auch langsam und stetig ans Ziel kommt.

EMPFOHLENER ZEITPUNKT:
Neumond, zunehmender Mond

BENÖTIGTE GEGENSTÄNDE:

- gefrierfeste Schale oder ein Eiswürfelbehälter
- Kerze
- Feuerzeug
- Wasser
- größere Schale

MAGISCHE ZUTATEN:

- 1 Esslöffel getrockneter Lavendel
- 1 Esslöffel getrockneter Rosmarin
- 1 Esslöffel getrockneter Thymian

Befestigt die Kerze am Boden der Schale oder des Eiswürfelbehälters. Dazu zündet ihr sie an und lasst das Wachs ein bisschen schmelzen. Tropft dann etwas von dem schmelzenden Wachs in die Mitte der Schale oder des Eiswürfelbehälters und drückt eure Kerze hinein. Haltet die Kerze fest, bis das Wachs abkühlt und fest wird, dann steht eure Kerze sicher.

Gebt als Nächstes Wasser in der Schale. Stellt euch dabei vor, wie ihr euren Frust und eure Sorgen aus eurem Körper in diese Schale gießt.

Gebt die Heilkräuter in das Wasser. Wenn ihr den Lavendel hinzugebt, lasst ihr Ruhe in euren Körper strömen, die eure Frustrationen heilt. Wenn ihr den Rosmarin hinzugebt, lasst ihr Liebe in euren Körper strömen, die eure Sorgen besänftigt. Wenn ihr den Thymian hinzugebt, lasst ihr Kraft und Sicherheit in euren Körper strömen, die euch anleiten.

Stellt die Schale oder den Eiswürfelbehälter vorsichtig in den Gefrierschrank. Achtet darauf, dass das Behältnis waagerecht steht, damit alles gleichmäßig gefriert. Lasst das Ganze über Nacht gefrieren, während die Kräuter auf euren Frust wirken.

Am nächsten Morgen entfernt ihr das Eis aus dem Behältnis und gebt es auf eurem Altar in eine größere Schale, die das Wasser aufsammeln kann, während es schmilzt.

Entzündet die Kerze und sprecht dreimal:

»Wie Eis zerschmilzt zu flüssiger Form,
wird meine Geduld wieder neu gebor'n.
Möge mein Frust nun schnell vergehen
wie Winde, die über die Felder wehen.«

Sobald das Eis geschmolzen ist, kippt ihr die Flüssigkeit draußen auf die Erde. Malt mit dem Finger ein Pentagramm in die feuchte Erde. Damit besiegelt ihr den Spruch mit Geduldige-Erde-Magie, die eure Ungeduld lindert.

Auge des Betrachters

ZIEL DES ZAUBERS: Dieses Ritual befreit uns von störender Eifersucht und Tratsch, die uns positive Energie stehlen und uns davon abhalten, unsere heilende Arbeit zu tun.

EMPFOHLENER ZEITPUNKT:
Neumond

BENÖTIGTE GEGENSTÄNDE:

- mittelgroße Schale mit etwa 2,5 Zentimeter Salz darin

MAGISCHE ZUTATEN:

- 1 Tasse ganze Nelken
- 1 Esslöffel schwarze Pfefferkörner
- ½ Tasse getrocknete Lavendelblüten

Zauber

Für dieses Ritual stellt ihr aus euren Heilkräutern und Gewürzen einen Zaubergegenstand her, der euch von einer engherzigen Einstellung befreit und euch mit einem Auge der Leidenschaft ausstattet, mit dem ihr die Welt betrachten könnt.

Beginnt damit, dass ihr den Umriss eines Auges auf dem Salz in der Schale herstellt. Legt dazu die ganzen Nelken in Form eines länglichen Ovals auf das Salz. Denkt bei jeder einzelnen Nelke, von der ersten bis zur letzten, an all die Situationen, in denen ihr auf unbedeutende Kränkungen oder Beleidigungen konzentriert wart statt auf Mitgefühl und Loslassen. Denkt an alle, auf die ihr eifersüchtig seid, und warum ihr so empfindet. Nelken absorbieren unsere negativen Energien, lasst also wirklich alles raus.

Sprecht dabei:

»Nelke um Nelke,
von Anfang bis Ende,
schenkt meiner Engherzigkeit
die Wende.«

Als Nächstes formt ihr die Pupille des Auges, indem ihr die schwarzen Pfefferkörner als Häufchen in die Mitte des Ovals gebt. Schwarzer Pfeffer ist ein mächtiges Loslass-Medium, darum solltet ihr seine Macht richtig anhäufen, damit er euch hilft, alle hartnäckigen Eifersüchteleien zu vertreiben.

Haltet eure Hände über die Pfeffer-Pupille und sprecht:

»Pfeffer,
schnell, mit aller Wucht,
befrei mich
von der Eifersucht.«

Am Ende gestaltet ihr die Iris mit euren Lavendelblüten. Umhüllt den Pfeffer vorsichtig mit den beruhigenden, heilenden Eigenschaften des Lavendels. Lavendel ist außerdem ein psychischer Öffner, er hilft euch also auch, euch eurer Intuition zu bedienen statt eures Egos, wenn ihr Situationen einschätzt.

Sprecht:

»Lavendel, beruhige mein rastloses Herz,
schenk mir neue Sicht auf eine Welt
ohne Schmerz.«

Stellt euer Auge der Klarheit und des Mitgefühls draußen unter den Neumond, um seine Kräfte zu aktivieren und euch ganz zu befreien.

Heilt eure Seele

Die Seele der Hexenden ist ihre Essenz, innere Motivation und ihr Kern. Die Seele ist der Antrieb ihrer magischen Arbeit und der Treibstoff ihrer Witchcraft. Eine mutlose, ungesunde Seele kann Energien zerstreuen, indem sie zu viel Wert auf die anspruchslosen Bedürfnisse des Egos legt statt auf die hochenergetischen Ziele eurer wahren Seele. Je mehr ihr eure Seele heilt, desto reiner werden eure Zauber und desto klarer ihre Absichten. Eine geheilte Seele ist außerdem ansteckend und hat einen positiven Effekt auf eure Familien, euren Freundeskreis und euer Arbeitsumfeld. Schließlich heilen gesunde Menschen andere Menschen. Mit diesen Sprüchen und Ritualen könnt ihr alle ungesunden, ichbezogenen Mächte vertreiben und euer wahres, inspiriertes, leidenschaftliches und furchtloses Selbst umarmen.

Bad öffnet Liebe und Herz

ZIEL DES ZAUBERS: Dieser Zauber soll euch helfen, euch von vergangenen Enttäuschungen in der Liebe zu heilen und euer Herz wieder für die Möglichkeit neuer Liebe zu öffnen.

EMPFOHLENER ZEITPUNKT:
Neumond

BENÖTIGTE GEGENSTÄNDE:

- Holzlöffel
- Rührschüssel
- Einmachglas
- 2 Kerzen
- Feuerzeug
- Stück Papier
- schwarze Tinte
- kleine Schüssel
- Badewanne
- Bademischung:
  - 1 Tasse Bittersalz
  - 1 Tasse Backnatron
  - 1 Teelöffel Kokosöl

MAGISCHE ZUTATEN:

- 8 Tropfen Weihrauchöl
- 8 Tropfen Lavendelöl

Stellt eine Mischung her, indem ihr die ätherischen Öle zu der Bademischung in die Rührschüssel gebt. Rührt die Öle mit dem Holzlöffel gründlich in die Bademischung. Verwendet die Hälfte der Mischung jetzt direkt für ein rituelles Liebesbad und bewahrt die andere Hälfte im Einmachglas auf, um sie während des Vollmonds in zwei Wochen zu verwenden.

Lasst Badewasser in einer für euch angenehmen Temperatur laufen und gebt, nachdem ihr den Stöpsel eingesteckt habt, eure Bademischung ins Wasser.

Entzündet zwei Kerzen an eurer Badewanne. Eine Kerze verkörpert eure Zukunft, die andere eure Vergangenheit. Füllt die kleine Schale mit Badewasser und stellt sie zwischen die Kerzen. Schreibt etwas, das eure Vergangenheit symbolisiert, auf das Stück Papier – vielleicht den Namen einer ehemaligen Liebe.

Zündet das Papier mit dem Feuerzeug an und sprecht:

»Bis dann, Enttäuschung,
auf Wiedersehen Schmerz,
ihr werdet Erinnerung,
nur Liebe füllt mein Herz.«

Lasst das brennende Papier in die kleine Schale mit Badewasser fallen und blast die Vergangenheitskerze aus.

Steigt ins Bad und taucht in das warme, heilende Wasser ein. Beobachtet, wie die Kerze mit einer hellen, vielversprechenden Zukunft brennt. Lasst euren Körper und eure Knochen von der heilenden, erneuernden Mischung im Badewasser umströmen.

Wenn ihr fertig seid, trocknet euch ab und spült den Inhalt der Schale mit dem verbrannten Papier und dem Wasser die Toilette runter. Löscht die zweite Kerze in dem Wissen, dass eure Zukunft hell leuchtet. Wiederholt in zwei Wochen dieses reinigende Bad mit der anderen Hälfte der Mischung, um den Spruch zu vollenden.

Ehrt Mutter Natur

ZIEL DES ZAUBERS: Dieses Morgenritual heilt die spirituelle Entfremdung von Mutter Natur und bringt uns in Einklang mit den Naturzyklen, die unsere Witchcraft antreiben.

EMPFOHLENER ZEITPUNKT:
Morgengrauen

BENÖTIGTE GEGENSTÄNDE:

- Schaufel und Glas

MAGISCHE ZUTATEN:

- ihr selbst

ZAUBER

Sucht euch draußen einen ruhigen, ungestörten Ort.

Stellt euch fest auf den Boden. Wenn es ungefährlich ist, am besten barfuß.

Wendet euch nach Osten. Konzentriert euch auf eure Mitte. Würdigt den von euch gewählten Ort. Wenn ihr das nächste Mal tief einatmet, hebt die Arme über den Kopf. Sprecht mit erhobenen Händen:

»Ich ehre
die Luft des Ostens.«

Atmet aus, während ihr die Arme senkt.

Dreht euch nach Süden. Wenn ihr das nächste Mal tief einatmet, hebt die Arme über den Kopf. Sprecht mit erhobenen Händen:

»Ich ehre
die Flamme des Südens.«

Atmet aus, während ihr die Arme senkt.

Wiederholt den Vorgang für Westen:

»Ich ehre
das Wasser des Westens.«

Und Norden:

»Ich ehre
die Erde des Nordens.«

Wenn ihr fertig seid, beugt euch nach unten und nehmt Erde von dem Ort, an dem ihr das Ritual durchgeführt habt. Nehmt sie in einem Glas mit nach Hause für euren Altar. Ritualerde ist hervorragend geeignet, um Gesundheit in euer Leben zu bringen, einfach nur dadurch, dass ihr sie bei euch stehen habt. Genießt ihre magische, heilende Wirkung.

Entsorgt die Erde nach einem Mondzyklus und wiederholt das Ritual, falls nötig.

In die Sterne schauender Mondtanz

ZIEL DES ZAUBERS: Der Zweck dieses Rituals ist die Heilung, wenn ihr das Gefühl habt, nicht mehr eins mit dem Universum zu sein, und wieder Zugang zu den himmlischen Heilkräften des Kosmos zu bekommen.

EMPFOHLENER ZEITPUNKT:
Vollmond oder am Vorabend eines großen Sabbats

BENÖTIGTE GEGENSTÄNDE:

- Schale mit Wasser
- Schale mit Salz
- Glöckchen oder Windspiel
- Athame
- Tagebuch oder ein Blatt Papier sowie ein Stift

MAGISCHE ZUTATEN:

- 1 Amethyst-Kristall
- 1 Bergkristall

Bereitet euren heiligen Ort draußen vor, indem ihr das Wasser in den Westen, das Salz in den Norden, das Glöckchen in den Osten und das Athame in den Süden legt. Diese Gegenstände verkörpern die Elemente Wasser, Erde, Luft, Feuer.

Stellt euch in die Mitte der vier Elemente. Nutzt eure fünf Sinne, um euch mit der Natur zu verbinden. Wonach riecht die Luft? Schmeckt sie nach etwas? Hört ihr Wind in den Bäumen rascheln? Spürt ihr den Boden, auf dem ihr steht? Am Ende hebt ihr den Blick und schaut hinauf in den Nachthimmel.

Während ihr aufschaut, hebt ihr eure Arme zum Himmel, als würdet ihr die Sterne berühren. Schwingt eure Arme vor und zurück. Spürt, wie die Bewegung eure Arme hinaufwandert, in euren Kopf und Oberkörper. Beginnt, mit den Hüften zu schwingen, vielleicht dreht ihr auf einem Bein eine Pirouette. Tanzt zur Musik des Nachthimmels. Tanzt, um euren Platz im Universum zu feiern. Tanzt, um die himmlische Macht in eurem Leben zu akzeptieren.

Wenn ihr müde werdet, setzt euch in die Mitte eurer vier Elemente und ruht euch aus. Habt den Amethyst und den Bergkristall in eurer Nähe. Nehmt euer Tagebuch oder das Blatt Papier und schaut wieder zum Nachthimmel über euch. Zeichnet die Position der Sterne und des Mondes, so wie ihr sie seht. Kümmert euch nicht um Detailtreue oder Zeichentalent. Konzentriert euch darauf, den Augenblick so festzuhalten, wie ihr ihn erlebt, in der Sprache der Sterne. Schaut euch diese magische Zeichnung an und erinnert euch an diese magische Nacht, wenn ihr an euren gesegneten, besonderen Platz zwischen den Sternen erinnert werden müsst, damit ihr euch wieder zugehörig fühlt.

Die freien Wege der Sehenden

ZIEL DES ZAUBERS: Nutzt diese Mischung, um die Empfänglichkeit eurer Seele für psychische Botschaften und Visionen für euren Lebensweg zu erhöhen. Heilt jedes Gefühl von Orientierungslosigkeit, das ihr für euer Leben und eure Zukunft verspürt, indem ihr eure Zauber mit dieser Mischung unterstützt.

EMPFOHLENER ZEITPUNKT:
Vollmond

BENÖTIGTE GEGENSTÄNDE:

- kleine Bratpfanne
- 2 Esslöffel Olivenöl
- Seihtuch
- kleines Glas

MAGISCHE ZUTATEN:

- 3 Rosmarinzweige
- 3 Thymianzweige
- 3 Salbeiblätter
- ¼ Tasse getrockneter Lavendel
- 3 Tropfen Zedernholzöl

ZAUBER

Erhitzt das Olivenöl bei mittlerer Hitze in der Pfanne, bis es glänzt und flüssig wird.

Rührt den Rosmarin, Thymian, Salbei und Lavendel ein und gebt notfalls noch mehr Öl hinzu, um die Kräuter ganz zu bedecken. Lasst es auf niedriger Hitze fünf bis zehn Minuten köcheln. Gelegentlich umrühren.

Nehmt die Pfanne vom Herd und lasst sie weitere drei bis fünf Minuten ruhen.

Seiht die abkühlende Mischung durch das Seihtuch in das Glas ab.

Verteilt die übrigen Kräuter draußen als Gabe an Mutter Erde.

Gebt das Zedernholzöl in das Glas.

Schüttelt die Mischung kräftig und sprecht dabei:

»Wahrsager und Propheten, Orakel und Deuter,
leiht mir eure Gaben und lasst mich sehen jeden Tag.
Durch Kräuter und Öle widme ich euch mein Leben,
zeigt mir eure Wege bis zum letzten Herzensschlag.«

Stellt die Mischung draußen unter den Vollmond zum Aufladen. Gebt ein paar Tropfen auf euer drittes Auge, Herz oder die Schläfen, wenn ihr Klarheit braucht. Salbt damit Kerzen für Zauber, die für Lebensentscheidungen oder neue Aufgabenfelder gedacht sind.

Ein offenes Buch

ZIEL DES ZAUBERS: Dieser Zauber hilft euch, wenn ihr eure Intuition verloren habt oder eure psychischen Fähigkeiten nachlassen. Er nutzt die Magie der Bibliomantie oder Wahrsagung durch Bücher, damit ihr magische Führung erhaltet. Indem ihr eure Intuition und intuitiven Werkzeuge heraufbeschwört, könnt ihr die geistlichen Nachrichten erhalten, die im geschriebenen Wort stecken, und euch wieder stärker mit der Hellsehung verbinden.

EMPFOHLENER ZEITPUNKT:
zunehmender Mond, Vollmond

BENÖTIGTE GEGENSTÄNDE:

- Ein Lieblingsbuch oder ein Buch, das Bedeutung für eure Seele hat. Vielleicht ein Roman, der euer Leben verändert hat, ein Gedichtband, der euch inspiriert hat, oder ein spiritueller Text wie die Tora oder die Bibel. Je vertrauter, verbundener und verstrickter ihr mit dem Text seid, desto besser.
- Diffuser für ätherische Öle
- ½ Tasse Salz

MAGISCHE ZUTATEN:

- 3 Amethyst-Kristalle
- 3 Sodalith-Kristalle
- 3 Bergkristalle

- Mischung von ätherischen Ölen:
  - 4 Tropfen Lavendelöl
  - 3 Tropfen Bergamotteöl

ZAUBER

Setzt euch an einem ruhigen, gemütlichen Ort mit eurem ausgewählten Buch auf den Boden.

Schaltet euren Diffuser mit der ätherischen Ölmischung ein.

Bildet mit einer dünnen Linie Salz einen Kreis um euch. Stellt die Amethyst-, Sodalith- und Bergkristalle entlang der Linie auf das Salz, um ein schützendes Netz intuitiver Energie zu bilden.

Haltet das Buch in euren Händen und drückt es gegen eure Stirn. Lasst die Energie des Buches für etwa eine Minute mit eurem Geist verschmelzen. Atmet dabei die ganze Zeit tief und gleichmäßig.

Während ihr das Buch an euren Körper drückt, bittet ihr die Geister, mit euch durch das Buch zu sprechen.

Sprecht dreimal:

»Heiliger Geist, erhöhe mein Flehen,
lass mich durch dies Buch deine Botschaften sehen.
Leitende Worte und Worte des Lichts,
ich erkenne die Botschaft, verborgen bleibt nichts.«

Am Ende der dritten Wiederholung lasst ihr das Buch offen in euren Schoß fallen. Legt sofort euren Finger auf die Stelle, die euch auf der aufgeschlagenen Seite anzieht. Lest die Textstelle, die die Geister für euch ausgewählt haben. Denkt über ihre Bedeutung nach. Sinniert darüber, was diese Textstelle im Buch als Ganzes aussagt. Dann überlegt, was die Botschaft im Kontext eures aktuellen Lebens bedeutet. Wie könnt ihr diese Botschaft umsetzen? Denkt daran, die Geister wollen euch helfen, also versucht, für euch einen hilfreichen Ratschlag aus der Textstelle zu formulieren. Vertraut darauf, dass dieser Vorgang eure Intuition heilt, und vertraut den Geistern, dass sie euch die Wahrheit erzählen, die ihr hören müsst.

Mit Kraut, Charme und Kristallen

ZIEL DES ZAUBERS: Diese Mischung zieht magischen Schutz auf eure Seele, indem sie die Magie von defensiven Kristallen, Kräutern und Gewürzen nutzt. Heilt mit diesem magischen Säckchen Risse in eurer spirituellen Rüstung.

EMPFOHLENER ZEITPUNKT:
zunehmender Mond, Vollmond

BENÖTIGTE GEGENSTÄNDE:

- Feuerzeug
- kleines Jutesäckchen oder ein Stück Stoff

MAGISCHE ZUTATEN:

- Bund getrockneter Salbei
- 3 Lorbeerblätter
- 1 Esslöffel getrocknete Petersilie
- 1 Esslöffel getrockneter Salbei
- 1 Fluorit-Kristall
- 1 Bergkristall

Legt alle Zutaten getrennt voneinander auf euren Altar.

Entzündet den getrockneten Salbei und wedelt den Rauch über alle Zutaten und euch selbst, um alle vorhandenen negativen Energien zu reinigen.

Segnet die Zutaten anschließend mit magischem Schutz. Legt dafür eure Hände leicht auf die Gegenstände und sprecht:

»Ich beschwöre schützende Kristalle
und Kräuterzutaten,
bewahrt mich vor Schaden und unruhigen Pfaden,
haltet mich sicher, frei von Zweifeln und Leid,
ich bin stets geschützt, ist dies Säckchen bereit.«

Gebt alle gesegneten Zutaten in das Säckchen oder bindet sie in dem Tuch zusammen. Tragt das Säckchen bei euch, in der Hand- oder einer anderen Tasche, oder legt es auf euren Altar. Nehmt das Säckchen immer in die Hand, wenn ihr spirituellen und seelischen Schutz braucht. Ladet es jeden Monat unter dem Vollmond wieder auf.

Rauch-Wahrsagung

ZIEL DES ZAUBERS: Veränderung kann manchmal schwerfallen. Als Gewohnheitstiere fühlen wir uns oft verstimmt, verwirrt oder sogar verärgert, wenn sich etwas ändert.
Heilt eure negativen, stressbedingten Reaktionen auf Veränderungen durch diese magische Rauch-Wahrsagung.

EMPFOHLENER ZEITPUNKT:
abnehmender Mond, Neumond

BENÖTIGTE GEGENSTÄNDE:

- Kerze
- Feuerzeug
- kleine Schale mit Wasser
- Athame
- Glöckchen

MAGISCHE ZUTATEN:

- 1 Jaspis-Kristall
- 1 Tropfen Lavendelöl

ZAUBER

Platziert eure Kerze in der Mitte eures Altars und salbt sie mit dem Lavendelöl. Umgebt eure Kerze mit der Macht der vier Himmelsrichtungen, indem ihr den Kristall in den Norden der

Kerze legt, das Athame in den Süden der Kerze, die kleine Schale mit Wasser in den Westen und das Glöckchen in den Osten.

Entzündet die Kerze. Schaut aufmerksam in die tanzende Flamme. Beobachtet, wie sie zuckt und sich im Rhythmus der weltlichen Energie bewegt. Meditiert über die Veränderung in eurem Leben. Denkt an die Gründe dafür und wie ihr im Augenblick mit dieser Veränderung umgeht. Fragt euch, ob ihr auf die gesündeste Art darauf reagiert oder ob ihr etwas anders machen könntet. Am Ende ruft ihr die Geister an, dass sie euch durch die Macht des Rauchs spirituelle Führung durch diese Veränderung schenken sollen.

Wenn ihr so weit seid, blast die Kerze aus. Folgt der Richtung des Rauchs mit euren Augen. Schwenkt er in Richtung Norden auf euren Kristall zu? Oder in eine andere Richtung? Die Richtung des Rauchs gibt euch einen Hinweis darauf, wie ihr die Veränderung verstehen, akzeptieren und euch davon heilen könnt:

DER RAUCH STEIGT GERADE NACH OBEN: Die Geister raten euch, nichts zu tun. Lasst einfach los und nehmt die Veränderung an.

DER RAUCH ZIEHT NACH NORDEN: Diese Veränderung benötigt eure Führungsstärke und euer Selbstvertrauen. Es wird Zeit, sich der Herausforderung zu stellen und eure Fähigkeiten zu nutzen.

DER RAUCH ZIEHT NACH SÜDEN: Diese Veränderung wird vermutlich schwierig und chaotisch. Gewährt euch etwas Spielraum bei diesen Herausforderungen.

DER RAUCH ZIEHT NACH OSTEN: Diese Veränderung bringt wundervolle neue Anfänge mit sich. Haltet Ausschau nach Gelegenheiten.

DER RAUCH ZIEHT NACH WESTEN: Diese Veränderung beendet ein Kapitel eures Lebens. Ihr solltet das Kapitel mit Selbstvertrauen abschließen.

FEHLENDER RAUCH: Beeilt euch damit, auf die Veränderung zu reagieren.

DÜNNER, KAUM SICHTBARER RAUCH: Lasst euch Zeit dabei, die Veränderung zu verarbeiten.

Indem ihr mit dieser hellseherischen Methode bewusst eure Reaktion auf Veränderungen beobachtet, heilt ihr und verarbeitet die Veränderung in eurem Leben.

Spirituelles Inspirationsritual

ZIEL DES ZAUBERS: Erweckt Inspiration für eure Seele, indem ihr mittels Luftmagie die Macht gesprochener Worte nutzt, um euch wieder aufzurichten und von einer spirituellen Durststrecke zu heilen.

EMPFOHLENER ZEITPUNKT:
Dieses Gebetsritual sollte im Morgengrauen durchgeführt werden, da es Neuanfänge verkörpert.

BENÖTIGTE GEGENSTÄNDE:

- Kerze
- Feuerzeug
- Stift und Papier

MAGISCHE ZUTATEN:

- 1 Zitrin-Kristall
- 1 Karneol-Kristall

ZAUBER

Setzt euch am Abend vor dem Ritual an euren Schreibtisch und entzündet eine Kerze, um die Inspiration in euch zu erwecken. Schreibt eine Liste mit zwölf Dingen nieder, die eure

Seele inspirieren. Habt keine Angst davor, tief in euch zu gehen und kreativ zu werden. Das können physische Inspirationen sein wie gute Bücher, euer Lieblingskünstler, Blumen oder eure Kinder. Es können auch nichtstoffliche Inspirationen sein, etwa Lachen, der Wind in den Bäumen, das Meeresrauschen oder die Energie eurer Kristalle.

Sobald ihr eure Liste niedergeschrieben habt, notiert ihr neben jedem Punkt darauf einen Satz, mit dem ihr die Eigenschaft dieser Sache beschreibt, welche euch am meisten inspiriert. Zum Beispiel: »Mary Cassatt inspiriert die Liebe meiner Seele für Schönheit und meine mütterliche Liebe für meine Kinder.« Oder: »Das Rauschen des Ozeans inspiriert meine Seele, ihren eigenen Rhythmus zu finden.«

Wenn ihr fertig seid, stellt ihr über Nacht die Kristalle auf euren Zettel, um die Worte darauf aufzuladen.

Stellt euch am nächsten Morgen fest an einer für euch bedeutenden Stelle draußen in der Natur auf. Haltet eure Liste in der einen und die Kristalle in der anderen Hand.

Lasst die Kräfte der Erde und der Luft sich in euren dahinfliegenden Worten vereinen. Eure Seele heilt, während ihr eure Liste laut als Gebet an Mutter Natur vorlest. Als Andenken an diese heilsame Erneuerung solltet ihr einen Stein vom Boden an der Stelle mitnehmen, an der ihr standet, und ihn zu Hause auf euren Altar legen.

Befreit von Schuld

ZIEL DES ZAUBERS: Schuld ist eine schwere Last, vor allem, wenn wir etwas aus tiefstem Herzen bedauern oder uns für etwas schuldig fühlen, was wir nicht kontrollieren können. Heilt eure Seele von der Last der Schuld, indem ihr die Leichtigkeit der Luftmagie nutzt.

EMPFOHLENER ZEITPUNKT:
Abnehmender Mond, Neumond. Wählt eine klare, trockene Nacht aus, damit euer Stoff- oder Kleidungsstück keinen Schaden nimmt.

BENÖTIGTE GEGENSTÄNDE:

- 1 Schal, Decke oder Sweatshirt, etwas, das ihr oft benutzt und gerne habt
- ein sicherer Ort draußen, an dem ihr das Stoff- oder Kleidungsstück aufhängen könnt, zum Beispiel eine Wäscheleine, ein Baumast, Balkon, eine Veranda oder ein offenes Fenster
- kleine Schale

MAGISCHE ZUTATEN:

- Sodalith-Kristalle
- Rauchquarz-Kristalle

ZAUBER

Hängt euer ausgewähltes Stoff- oder Kleidungsstück nach Sonnenuntergang draußen auf.

Wickelt die Kristalle in den Stoff ein oder legt sie in eine Schale direkt unter den Stoff.

Stellt euch hin, streckt die Arme in Richtung des Stoffstücks aus und beschwört die Kraft der Luft, indem ihr sprecht:

»Wind, wehe stark,
oder Wind, wehe sanft.
Nord und Süd
blast neue Luft hier heran.
Ost und West,
schenkt meiner Seele neuen Glanz.
Macht der Winde,
bitte macht mich wieder ganz.«

Lasst das Stoffstück über Nacht draußen hängen, damit die Kristalle, die Nachtluft und das Mondlicht es säubern und erneuern können.

Holt das Stück Stoff und die Kristalle am Morgen wieder rein und wartet, bis der eventuell darauf liegende Tau getrocknet ist. Hüllt euch in den Stoff, wenn ihr euren Geist von Schuld befreien wollt. Das magisch aufgeladene Stück Stoff wird euch helfen, die Last abzulegen und euch magischen Trost spenden.

Kleiner Altar des Einklangs

ZIEL DES ZAUBERS: Eure Seele wird dadurch geheilt, dass euer Körper und Geist im Einklang sind. Wenn sie das sind, schwingt die Seele ganz natürlich. Mit diesem Zauber erschafft ihr einen Miniritualaltar, der Körper und Geist vereint und der Seele damit neuen Raum gibt.

EMPFOHLENER ZEITPUNKT:
wenn benötigt

BENÖTIGTE GEGENSTÄNDE:

- Fenstersims oder kleiner Tisch an einem sonnigen Fenster

MAGISCHE ZUTATEN:

- Steine, die euer Chakra öffnen:
  - Bergkristall: Kronenchakra (oder Scheitelchakra)
  - Amethyst: Stirnchakra (oder drittes Auge)
  - Sodalith: Halschakra
  - Aventurin: Herzchakra
  - Zitrin: Nabelchakra (oder Solarplexuschakra)
  - Karneol: Sakralchakra
  - Jaspis: Wurzelchakra

ZAUBER

Oftmals befindet sich unser Körper im Widerspruch zu dem, was unser Geist möchte. Unser Kopf erzählt uns das eine, während unser Bauchgefühl uns etwas ganz anderes sagt. Wir sind verunsichert, was wir nun tun sollen. Diese Verunsicherung nimmt uns den Wind aus den Segeln und wir verlieren den Mut. Dagegen hilft die Macht der Kristalle, die eure Chakren, oder Energiezentren im Körper, öffnen und eure Gedanken mit eurem Handeln in Einklang bringen.

Beginnt damit, euch den Bergkristall über den Kopf zu halten, und sprecht:

»Macht des Bergkristalls, ich möchte dich sehen,
lass mich die Tiefen meiner Seele verstehen.«

Stellt den Bergkristall dann auf das Fenstersims.

Haltet euch den Amethyst an die Stirn und sprecht:

»Macht des Amethysts, ich möchte dich sehen,
erlaub meinem dritten Auge zu sehen.«

Legt den Amethyst neben den Bergkristall auf das Sims.

Haltet euch den Sodalith an den Hals und sprecht:

»Macht des Sodaliths, ich möchte dich sehen,
den Mut, die Wahrheit zu sprechen, will ich erflehen.«

Legt den Sodalith neben den Amethyst auf das Sims.

Haltet den Aventurin an euer Herz und sprecht:

»Macht des Aventurins, ich möchte dich sehen,
erfülle mein Herz mit Freud und Jubel schön.«

Legt den Aventurin neben den Sodalith auf das Sims.

Haltet den Zitrin an euren Bauch und sprecht:

»Macht des Zitrins, ich möchte dich sehen,
sollen Wille und gute Absicht mir immer beistehen.«

Legt den Zitrin neben den Aventurin auf das Sims.

Haltet den Karneol an euer Becken und sprecht:

»Macht des Karneols, ich möchte dich sehen,
mögen Fantasie und Ideen mich stetig umwehen.«

Legt den Karneol neben den Zitrin auf das Sims.

Haltet schließlich den Jaspis an den unteren Teil eures Rückens und sprecht:

»Macht des Jaspis, ich möchte dich sehen,
lass Sicherheit und ein Zuhause für mich entstehen.«

Legt den Jaspis neben den Karneol auf das Sims.

Genießt die Schönheit des Sonnenlichts, das auf eurem Minialtar der Offenheit und des Einklangs tanzt. Lasst euren Körper und euren Geist von diesem Bild zusammenfinden, damit euer Körper eine frei schwingende Seele beherbergen kann.

Fußbad der Vergebung

ZIEL DES ZAUBERS: Vergebung lässt eure Seelen heilen. Mit diesem magischen Fußbad könnt ihr Vergebung für alle hervorbringen, die euch Böses angetan haben. Oftmals ist Wut berechtigt und angemessen, sogar gerecht. Doch für das Wohl eurer eigenen kostbaren spirituellen Energie ist es sinnvoll, irgendwann zu versuchen zu vergeben. Selbst wenn diese Person keine Vergebung verdient: Stellt es euch als Erleichterung vor. Ihr verwehrt dieser Person, euer Leben weiter zu beeinflussen, denn ihr habt euch mit klarer, leidenschaftlicher Seele weiterentwickelt.

EMPFOHLENER ZEITPUNKT:
abnehmender Mond, Neumond

BENÖTIGTE GEGENSTÄNDE:
- große, hitzebeständige Schale
- kochendes Wasser

MAGISCHE ZUTATEN:
- 1 Esslöffel Zimtpulver
- 2 Esslöffel Kamille
- 1 Esslöffel Lavendel
- 1 Amethyst-Kristall
- 1 Rauchquarz-Kristall

Stellt die Schale auf den Boden neben einen Stuhl. Gebt den Zimt, die Kräuter und Kristalle in die Schale.

Gießt kochendes Wasser über die Mischung und sprecht:

»Lodernder Zorn, heiß wie dies Wasser,
bade meine beruhigenden Steine und Kräuter,
dann wird mein Zorn ganz langsam blasser.«

Beugt euch vor und atmet die beruhigende Energie der durch die Hitze aktivierten Gewürze und Kräuter einige Sekunden lang ein.

Während das Wasser ein wenig abkühlt, stellt ihr euch mit nackten Füßen gerade auf den Boden. Richtet euch voller Stolz auf. Drückt all die Wutenergie, an der ihr festhaltet, von der Spitze eures Kopfes nach unten, durch euren Oberkörper, die Beine hinab und in eure Füße. Spürt, wie sich eure Wut schwer in euren Füßen sammelt. Spürt die Last der schmerzlichen Tat, die ihr erlitten habt.

Jetzt setzt euch hin. Tastet mit den Füßen vorsichtig voran, ob das Wasser euch nicht mehr zu heiß ist, dann stellt eure Füße in das Kräuterwasser. Taucht sie ganz in die heilenden Kräuter ein. Massiert eure Füße auf den Kristallen. Stellt euch vor, wie all der dunkle, lodernde Zorn von dem magischen Wasser aus euren Füßen gezogen wird. Beginnt, Frieden zu empfinden. Beginnt, euch ausgeglichen zu fühlen. Wisst, dass ihr euch von dieser schwierigen Erfahrung erholen werdet. Kippt das Wasser draußen in einen Gully oder Fluss, um eure Vergebung frei fließen und sich in der Ferne verteilen zu lassen.

Blätter der Hoffnung

ZIEL DES ZAUBERS: Eure Seele leidet, wenn sie nicht genug Hoffnung oder Glauben an eure Träume hat. Dieser Zauber heilt diese Zweifel und entlässt mithilfe von Feuer und Lorbeerblättern die größten Hoffnungen und Wünsche eures Herzens ins Universum, um erfüllt zu werden.

EMPFOHLENER ZEITPUNKT:
Neumond

BENÖTIGTE GEGENSTÄNDE:
- Kessel mit 5 Zentimeter Salz
- Stabfeuerzeug

MAGISCHE ZUTATEN:
- 4 ganze, getrocknete Lorbeerblätter

Zauber

Denkt an vier Wünsche oder Hoffnungen, die der Neumond für euch segnen soll. Teilt jedem Lorbeerblatt einen der Wünsche zu, indem ihr es euch an die Lippen haltet und ihm euren Wunsch zuflüstert.

Steckt jedes Blatt mit einem Ende in das Salz, sodass das andere Ende gerade nach oben gerichtet ist. Steckt sie in die nördliche, südliche, östliche und westliche Seite des Kessels.

Wenn ihr so weit seid, verbrennt jedes Blatt bis runter zum Salz, eines nach dem anderen. (Darum empfehle ich ein Stabfeuerzeug, weil ihr die Flamme vielleicht etwas länger an das Blatt halten müsst, bis es brennt.) In diesem Spruch geht es um Beharrlichkeit, darum wollen wir, dass jedes Lorbeerblatt in Asche endet, um den Wunsch zu besiegeln. Verbrennt zunächst den nördlichen Wunsch und entzündet dann im Uhrzeigersinn die restlichen Blätter, zum Schluss das westliche. Lasst euch Zeit und spürt die Macht jeder einzelnen Absicht.

Während ihr die Blätter einzeln abbrennt, stellt ihr euch vor, wie ihr die bestmögliche Erfüllung des Wunsches durchlebt, und damit eure Zweifel heilt.

Sprecht:

»Heilige Göttin, gesegnet seist du, erfülle meine
Wünsche, die ich dir flüstere zu.«

Entsorgt die Asche draußen, um den Spruch mit Mutter Natur zu besiegeln und den Heilungsprozess eurer Seele mit dieser Erneuerung eurer Wünsche und Hoffnungen zu beginnen.

Mutcocktail

ZIEL DES ZAUBERS: Eure Seele leidet, wenn ihr kein Selbstbewusstsein oder keinen Mut aufbringen könnt. Erschafft einen Altarschmuck, um die Kräfte von Ölen, Kräutern und Kristallen herbeizurufen, die euer Selbstvertrauen und euren Mut erhöhen und die Unsicherheiten eurer Seele heilen.

EMPFOHLENER ZEITPUNKT:
zunehmender Mond, Vollmond

BENÖTIGTE GEGENSTÄNDE:

- Martiniglas, Margaritaglas oder Weinglas
- Salz

MAGISCHE ZUTATEN:

- 3 Lorbeerblätter
- 3 Thymianzweige
- 3 ganze Salbeiblätter
- Zitrin-Kristalle
- Turmalin-Kristalle
- Mischung von ätherischen Ölen:
  - 3 Tropfen Orangenöl
  - 3 Tropfen Zedernholzöl
  - 3 Tropfen Weihrauchöl

Füllt das untere Drittel eures Glases mit Salz. Tröpfelt die ätherischen Öltropfen auf das Salz.

Platziert die Lorbeer- und Salbeiblätter auf dem geölten Salz.

Legt die Kristalle auf die Blätter. Wenn ihr möchtet, könnt ihr noch mehr Kristalle nehmen und ein wunderschönes Arrangement herstellen.

Garniert das Glas mit dem Thymian.

Stellt das Glas über Nacht in das Licht des zunehmenden oder vollen Mondes. Lasst diesen Mutcocktail bis zu drei Tage und Nächte auf eurem Altar stehen, um eure Seele mit Mut und Selbstvertrauen zu versorgen und Furchtsamkeit zu heilen.

Elementare Entschlossenheit

ZIEL DES ZAUBERS: Als Heilende an euch selbst und anderen wird eure Seele einer Menge negativer Energien ausgesetzt sein und kann sich manchmal ausgelaugt fühlen. Mit diesem Zauber könnt ihr eure Seele erfrischen und erneuern und von diesen negativen Energien befreien.

EMPFOHLENER ZEITPUNKT:
Neumond

BENÖTIGTE GEGENSTÄNDE:

- Schale mit warmem Wasser, am besten aus dem Zauber »Heilendes Mondwasser-Elixier« (siehe Seite 81)
- Diffuser für ätherische Öle

MAGISCHE ZUTATEN:

- 1 Rosenquarz-Kristall
- 1 Zitrin-Kristall
- Bergamotteöl oder Lavendelöl für euren Diffuser (nehmt den Duft, der euch mehr zusagt)

Zauber

Gebt euer gewähltes Öl in den Diffuser und schaltet ihn ein.

Setzt euch bequem vor euren Altar und haltet dabei je einen der Steine in euren Händen.

Wenn ihr so weit seid, haltet euch die Kristalle ans Gesicht und sprecht:

»Kraft der Luft,
säubere meinen Blick und meine Stimme.«

Haltet die Kristalle an euer Herz und sprecht:

»Kraft der Erde,
stärke mein Herz und meine Wünsche.«

Haltet euch die Kristalle nun an euer Becken und sprecht:

»Kraft des Feuers,
erfülle mich mit Leidenschaft und Kreativität.«

Zuletzt haltet ihr eure Hände in die Schale mit warmem Wasser. Lasst die Kristalle los und ins Wasser gleiten. Während eure Hände noch im Wasser sind, sprecht ihr:

»Kraft des Wassers,
erneuere meinen Selbstwert und meine Seele.«

Nehmt eure Hände aus der Schale. Lasst sie in eurem Schoß an der Luft trocknen, während ihr sitzen bleibt und langsam atmet. Lasst euch in die pulsierende Energie der Selbstliebe fallen, die ihr gerade geweckt habt. Passt eure tiefen Atemzüge diesem liebenden Energiefluss an. Wenn eure Hände getrocknet sind, ist der Spruch besiegelt. Ihr könnt euren Tag mit einer geheilten Seele und neuer Entschlossenheit wieder aufnehmen.

Die Wellenkraft der Wahrheit

ZIEL DES ZAUBERS: Jetzt, wo ihr erfahren darin seid, euren Körper, Geist und eure Seele zu heilen, ist es an der Zeit, dass ihr eure heilende Gerechtigkeit umarmt. Es ist an der Zeit, eure Stimme und den Mut zu finden, machtvolle Wahrheiten zu sprechen. Ihr habt so viel Zeit und Energie darauf verwendet, euer wahres Ich zu entdecken, jetzt ist die Zeit gekommen, anderen zu helfen, indem ihr euer Wissen und eure Weisheit teilt. Dieser Zauber stärkt eure Seele und bereitet euch auf die wichtige Heilarbeit vor, mit der ihr eurem Umfeld und der Welt helfen werdet.

EMPFOHLENER ZEITPUNKT:
Vollmond

BENÖTIGTE GEGENSTÄNDE:
- Schale mit warmem Wasser auf eurem Altar
- Flasche mit Deckel

MAGISCHE ZUTATEN:
- Thymianzweige
- Minzzweige
- 3 Zitrin-Kristalle
- 3 Sodalith-Kristalle
- 1 Bergkristall

Zauber

Beginnt, indem ihr um eure Schale mit warmem Wasser abwechselnd je einen Zitrin und einen Sodalith legt. Füllt die Lücken in dem Kristallkreis mit einem Kranz aus stärkenden Thymianzweigen und inspirierenden, wahrheitsvollen Minzzweigen. Spürt, wie die Energien der Steine und Kräuter eure Schale mit warmem Wasser umhüllen und von außen nach innen durchdringen. Denkt daran, wie stark die magische Energie das Wasser beeinflusst, selbst wenn sie nicht in direktem Kontakt stehen. So verhält es sich auch mit dem Effekt eurer Kraft, anderen zu helfen.

Wenn ihr so weit seid, haltet den Bergkristall ein paar Zentimeter über die Mitte der Wasserschale und sprecht:

»Stein der Balance und Klarheit,
verstärk meine Kraft und Wirksamkeit,
trag mein heilendes Ziel nach nah und fern,
ich spreche heilende Wahrheit, dazu stehe ich gern.«

Lasst den Stein in das Wasser fallen. Beobachtet aufmerksam das aufspritzende Wasser und den Welleneffekt. Lasst die Energiewellen über euch hinwegspülen und euch stärken, bis sich das Wasser wieder beruhigt und den Spruch besiegelt.

Gebt das Wasser in die Flasche und ein paar Tropfen davon in euren morgendlichen Tee, Kaffee oder Smoothie, um eure Kehle und eure Brust mit der Macht der Wahrheit zu erfüllen. Eure Seele wird dank dieses magischen Wellenwassers für die vor euch liegende Heilarbeit stark genug sein.

Hexende werden von der Natur unserer heilenden Kräfte zur Tat gerufen. Wir sind das Leuchtfeuer und die Hoffnung anderer, und wir nutzen unsere Macht, um positive Veränderungen zu bewirken. Wenn wir uns selbst heilen, wird uns klar, dass unsere Berufung als Hexende auch darin besteht, anderen zu helfen und sie zu heilen. Außerdem wissen wir, dass andere geheilte Menschen wiederum ihr Umfeld und ihre geliebten Mitmenschen positiv beeinflussen. Die Kettenreaktion des heilenden Lichts ist wahrhaft mächtig. Die hier folgenden Sprüche dienen dazu, eure innere Heilkraft nach außen zu lenken, zum exponentiellen Nutzen aller.

TEIL 3

Heilt euer Umfeld

Heilt Eure Familie und Freunde

Wir beginnen damit, unsere Magie auf unsere Familie und Freunde zu richten, um ihnen mit sympathischer Magie bei ihren Problemen zu helfen. Sympathische Magie ist Magie, die wir im Dienst unserer Liebsten anwenden, die Schwierigkeiten damit haben, körperlich, geistig oder spirituell zu heilen. Bei den folgenden Sprüchen und Ritualen erlernt ihr Wege, wie ihr eure heilenden Energien nutzen könnt, um positive Veränderungen in den Leben der Menschen zu bewirken, die euch wichtig sind.

Heil-Poppet

ZIEL DES ZAUBERS: Dieser Zauber nutzt die Macht von Poppets (kleine Figuren oder Schmuckstücke, die andere Personen verkörpern), um hegende, heilende Schwingungen an erkrankte Freunde und Familienmitglieder zu senden.

EMPFOHLENER ZEITPUNKT:
Neumond

BENÖTIGTE GEGENSTÄNDE:

- Feuerzeug
- Poppet
- Schale, groß genug, dass die Poppet hineinpasst

MAGISCHE ZUTATEN:

- 1 Esslöffel getrockneter Salbei oder ein Bund getrockneter Salbei
- 1 Tasse Lavendel
- ¼ Teelöffel schwarze Pfefferkörner
- 1 Rosenquarz-Kristall
- 1 Sodalith-Kristall
- 1 Fluorit-Kristall
- 3 Tropfen Teebaumöl

Entzündet den Salbei und lasst ihn rauchen. Fahrt mit der Poppet durch den Rauch, um sie zu reinigen und alle unerwünschten Energien zu vertreiben, die euren Zauber stören könnten.

Salbt die Poppet mit drei Tropfen von dem Teebaumöl und sprecht dabei den Namen der Person, die ihr mit diesem Spruch heilen wollt.

Mischt den Lavendel und schwarzen Pfeffer in die Schale. Legt die Poppet vorsichtig dazu und verbindet die Poppet durch einen Kuss mit der Schale heilender Magie.

Umringt die Poppet mit dem Rosenquarz, dem Sodalith und dem Fluorit.

Bewahrt die ruhende Poppet mit ihrer Schale an einem gemütlichen Ort in eurem Zuhause auf. Vielleicht in eurer Kommode, zwischen den Hauspflanzen, an einem sonnigen Fenster oder auf eurem Kaminsims.

Pflegt die Poppet täglich, indem ihr ihr heilende Botschaften und Worte der Liebe zuflüstert. Führt diese heilende Magie jeden Tag durch, bis zur Nacht des Vollmonds, dann wird der Zauber abgeschlossen sein.

Süßes Stiche-Säckchen

ZIEL DES ZAUBERS: Dieser Zauber nutzt die Kräfte von heilenden Kräutern und Kristallen, um euren Freunden zu helfen, sich von einer Operation zu erholen.

EMPFOHLENER ZEITPUNKT:
wenn benötigt

BENÖTIGTE GEGENSTÄNDE:

- kleines Jutesäckchen oder ein Stück Stoff
- Nadel und Faden
- Stift mit schwarzer Tinte

MAGISCHE ZUTATEN:

- 3 ganze getrocknete Lorbeerblätter
- 3 Thymianzweige
- 1 Turmalin-Kristall
- 1 Aventurin-Kristall

Zauber

Mit dem Stift schreibt ihr den Namen der operierten Person auf jedes der drei Lorbeerblätter und steckt die Blätter in das Säckchen. Gebt den Thymian und die Kristalle ebenfalls in das Säckchen.

Legt eure Hände über den Inhalt des Säckchens und sprecht:

»Lorbeer drei, Thymian drei,
ich rufe eure Heilkraft herbei.
Mit grünem Stein und schwarzem Stein
ihre Schmerzen sollen vertrieben sein.«

Näht das Säckchen mit Nadel und Faden zu und gebt liebende, bindende Heilgedanken in jeden einzelnen Stich. Gebt das Säckchen der operierten Person, damit sie heilen kann, oder bewahrt es nahe eines Fotos der Person auf.

Nelken-Pentagramm

ZIEL DES ZAUBERS: Dieses Pentagramm bekämpft schwere Zeiten bei euren Lieben und zerstreut negative Energien.

EMPFOHLENER ZEITPUNKT:
Neumond

BENÖTIGTE GEGENSTÄNDE:

- Teller oder flache Schale
- 1 Tasse Salz

MAGISCHE ZUTATEN:

- 1 Tasse ganze Nelken
- 1 Aventurin-Kristall

Zauber

Verteilt das Salz gleichmäßig auf dem Teller oder in der flachen Schale. Nehmt gerne noch mehr, falls die Unterlage zu groß ist. Ihr braucht eine ordentliche Salzbasis.

Legt die Nelken so auf das Salz, dass sie ein Pentagramm bilden. Legt dazu jede Nelke einzeln und sorgfältig hin. Spürt, wie mühsam und langwierig und frustrierend diese Arbeit sein kann. Schickt diese Gefühle in euer Werk und leitet sie damit weg von euren Liebsten, die sie ebenfalls durchleben.

Besiegelt euer Werk, indem ihr den Überfluss anziehenden Aventurin in die Mitte des Pentagramms legt. Lasst das Pentagramm bis zum Vollmond auf eurem Altar stehen, dann ist der Spruch vollendet.

Rosmarin-Liebesbindung

ZIEL DES ZAUBERS: Dieses Ritual hilft jenen in festen Beziehungen durch schwierige Phasen und bei der Arbeit, ihr Liebe füreinander zu heilen.

EMPFOHLENER ZEITPUNKT:
beginnt sieben Tage vor der Vollmondnacht

BENÖTIGTE GEGENSTÄNDE:

- ein Foto des Paares, in der Mitte gefaltet, sodass sich ihre Gesichter berühren
- Faden oder Schnur

MAGISCHE ZUTATEN:

- 7 Rosmarinzweige
- 7 Tropfen Zedernholzöl, um die Liebe zurückzubringen, oder 7 Tropfen Ylang-Ylang-Öl, um die Leidenschaft zurückzubringen

Zauber

Bindet den Faden um das Foto, lasst aber noch etwas Spielraum. Lasst das gefaltete Bild auf eurem Altar liegen.

Salbt jede Nacht einen der Rosmarinzweige mit einem Tropfen Öl. Steckt den gesalbten Rosmarinzweig zwischen Foto und Faden.

Sprecht:

»Rosmarin der Treue,
Rosmarin der Liebeskraft,
Rosmarin der wahren Bindung,
Rosmarin der Lebenssaft.
Ölgesalbt schenk neue Liebe
diesem Paar,
nimm ihre Hürden,
mach ihre Liebe wieder klar.«

Wiederholt das jede Nacht bis zum Vollmond, wenn insgesamt sieben Zweige des Liebe heilenden Rosmarins auf dem Foto festgebunden sind. In der Vollmondnacht verbrennt ihr das Foto. Verstreut die Asche des Bildes und des Rosmarins draußen unter dem Licht des Vollmonds, um den Spruch zu besiegeln und dem Paar ihre Liebe und Leidenschaft zurückzubringen.

Beruhigende Gewässer

ZIEL DES ZAUBERS: Mit diesem Wasserschalen-Zauber könnt ihr die Anspannungen eurer Lieben lösen und sie ablenken.

EMPFOHLENER ZEITPUNKT:
abnehmender Mond

BENÖTIGTE GEGENSTÄNDE:

- hitzebeständige Schale
- kochendes Wasser
- Athame

MAGISCHE ZUTATEN:

- 1 Teelöffel Piment
- 1 Teelöffel gemahlene Nelken
- ½ Tasse Sternanis

Zauber

Gebt alle Gewürze in die Schale. Zeichnet mit dem Athame eine Spirale hinein, von der Mitte nach außen, um die Magie an eure Liebsten zu senden.

Gebt kochendes Wasser über die Gewürze, bis die Schale ganz voll ist.

Sprecht, während der Dampf aufsteigt, dreimal:

»Steigt, Dämpfe der Ruhe, steigt, friedvolle Wellen,
heilende Wogen der Erholung schick ich an alle
Stellen.«

Lasst das Wasser abkühlen, während die Energien zu euren Liebsten wandern. Schüttet das Wasser draußen weg, um alle überschüssige Heilenergie an die Erde zurückzugeben.

Stummes Mahl für die Trauernden

ZIEL DES ZAUBERS: Dieses Ritual bietet Raum, nach dem Verlust eines geliebten Menschen mit seiner Trauer am Tisch zu sitzen, um das verletzte Herz zu heilen und einen Teil der Trauer abzugeben.

EMPFOHLENER ZEITPUNKT:
Ein »Stummes Mahl« wird traditionell an Samhain abgehalten, um unsere Verstorbenen zu ehren, kann aber auch am ersten Vollmond nach dem Tod einer geliebten Person abgehalten werden.

BENÖTIGTE GEGENSTÄNDE:

- Lieblingsessen der verstorbenen Person
- ein weiteres, leeres Gedeck für die verstorbene Person an eurem Esstisch
- Schale für einen Tafelaufsatz aus Kräutern und Kristallen
- 2 Kerzen
- Feuerzeug

MAGISCHE ZUTATEN:

- 1 Bund Petersilie, frisch oder getrocknet
- 3 Knoblauchzehen, ungeschält
- Rauchquarz-Kristalle
- Turmalin-Kristalle
- Bergkristalle

Legt die Petersilie in die Mitte der Schale. Arrangiert die drei Knoblauchzehen und die Kristalle um und über die Petersilie.

Stellt eine Kerze auf jede Seite des Tafelaufsatzes, eine als Symbol für diese Welt und eine als Symbol für die jenseitige Welt.

Entzündet die Kerzen und sprecht:

»Für diese Welt und die jenseitige,
dinieren wir heute als Stillschweigende.«

Führt das Mahl in völligem Schweigen weiter. Die Stille, die ihr gemeinsam erlebt, dient der Andacht an den leeren Platz. Nutzt diese stille Zeit, um für euch lieb gewonnene Erinnerungen an die verstorbene Person heraufzubeschwören. Ihr dürft auch weinen oder lachen. Eure Trauer leitet euch.

Tischt schweigend das Essen für euch, eure Gäste (falls ihr welche eingeladen habt) und das leere Gedeck auf. Esst gemeinsam in Stille. Wenn ihr fertig seid, blast die Kerzen aus. Räumt still den Tisch ab, mit Ausnahme des »Stummen Mahls« der verstorbenen Person, dem magischen Tafelaufsatz und den erloschenen Kerzen. Deckt das Essen mit Klarsichtfolie ab, falls ihr mögt.

Lasst das Essen über Nacht stehen. Entsorgt das Essen am Morgen, und mit ihm die Last eurer Trauer. Wisst, dass eure Liebe bis in andere Welten gedrungen ist und eure verlorenen Liebsten sie gespürt haben. Sie werden euch im Gegenzug auch ihre Liebe spüren lassen. Immer.

Herz der Erde

ZIEL DES ZAUBERS: Dieser Zauber hilft dabei, ein langes Leben zu sichern, indem er den Körper säubert und von jeder Energie heilt, die Langlebigkeit bremst.

EMPFOHLENER ZEITPUNKT:
Vollmond

BENÖTIGTE GEGENSTÄNDE:

- 1 ganzer Apfel
- Athame
- Faden

MAGISCHE ZUTATEN:

- 3 Stängel Petersilie
- ¼ Teelöffel Zimt

Ritzt vorsichtig die Initialen der Person, für die ihr diesen Spruch ausführt, in die Oberfläche des Apfels.

Sprecht:

»Bei der Frucht des Herbstes erkläre ich
langes Leben dem Genannten namentlich.
Zimt bringt Wohlergehen und Glück,
Petersilie schickt alles Negative zurück.«

Schneidet den Apfel mit eurem Athame waagerecht in der Mitte durch, um den magischen fünfzackigen Stern in der Mitte zu enthüllen.

Streut Zimt auf eine Hälfte des Apfels.

Bindet die drei Stängel Petersilie mit dem Faden an die andere Apfelhälfte.

Esst die Apfelhälfte mit dem Zimt. Ihr könnt sie auch der Person anbieten, für die ihr den Spruch durchführt, wenn sie daran teilnehmen möchte. Die Aufnahme der Magie in unseren Körper ist eine mächtige Heilkraft.

Vergrabt die Apfelhälfte mit der Petersilie draußen. So kehren alle schlechten Energien, die die Person mit sich tragen könnte, wieder in die Erde zurück, wo sie gesäubert werden.

Kristallenergie-Sonnenuhr

ZIEL DES ZAUBERS: Dieses Ritual heilt eure Liebsten vom zermürbenden Alltag, indem es die Kraft der Sonne einfängt und ihre lebendigen, dynamischen und leidenschaftlichen Energien an sie weitersendet.

EMPFOHLENER ZEITPUNKT:
wenn benötigt

BENÖTIGTE GEGENSTÄNDE:

- sicheren Ort draußen in der Sonne
- Schneidebrett

MAGISCHE ZUTATEN:

- 4 Bergkristalle
- 4 Zitrin-Kristalle
- 4 Karneol-Kristalle
- 4 Tropfen Eukalyptusöl

Zauber

Gebt vier Tropfen Eukalyptusöl in die Mitte eures Bretts. Sprecht bei jedem Tropfen den Namen der Person, der ihr mit diesem Spruch helfen wollt.

Legt die Kristalle in einem Kreis in Form einer Uhr um die Eukalyptustropfen:

die Bergkristalle auf die Positionen 12, 3, 6 und 9

die Zitrine auf die Positionen 1, 4, 7 und 10

die Karneole auf die Positionen 2, 5, 8 und 11

Lasst die Sonnenuhr bis zum Sonnenuntergang draußen stehen, um die Sonnenenergie anzuziehen und auf eure Liebsten zu lenken.

Spieglein, Spieglein, gesunder Geist

ZIEL DES ZAUBERS: Dieser Zauber schickt jenen in eurem Leben einen Schwung Liebe und Licht, die mit psychischen Problemen zu kämpfen haben.

EMPFOHLENER ZEITPUNKT:
nach Sonnenuntergang, wenn benötigt

BENÖTIGTE GEGENSTÄNDE:

- kleiner Spiegel, den ihr flach auf euren Altar legt
- Kerze
- kleine Schale
- Feuerzeug
- Wattestäbchen
- kleine Schale mit Wasser

MAGISCHE ZUTATEN:

- 4 Kamillenzweige
- Rosenquarz-Kristalle
- Jaspis-Kristalle
- Bergkristalle
- Mischung von ätherischen Ölen:
    - 3 Tropfen Bergamotteöl
    - 3 Tropfen Orangenöl

ZAUBER

Stellt eure Kerze in die Mitte des Spiegels.

Vermischt die Öle mit einem Wattestäbchen in der kleinen Schale. Zeichnet mit dem eingeölten Wattestäbchen ein Herz auf die Kerze, um sie mit liebevollen Schwingungen aufzuladen. Gebt noch mehr Öl auf das Wattestäbchen und schreibt damit die Initialen der Person, die ihr heilen möchtet, direkt unter der Kerze auf den Spiegel.

Verziert die Ränder des Spiegels mit den Kristallen und den Kamillenzweigen, um eine heilende Energiewand aufzubauen.

Löscht alles künstliche Licht im Raum. Entzündet die Kerze auf dem Spiegel und wartet aufmerksam, bis ihre Flamme groß und hell wird. Spürt die Energie von Liebe und Heilung, die freigesetzt wird, wenn das Wachs schmilzt. Beobachtet, wie die Flamme im Spiegel tanzt und wie ihre Heilenergie von der unendlichen Macht des Spiegels verstärkt wird.

Richtet das heilende Leuchten auf die psychische Gesundheit eures Ziels, indem ihr sprecht:

»Magie von Erde und Feuer vereint,
wird die einsam dunkle Nacht verneint.
Flamme, Stein und Kräuterschar,
mentale Heilung ist ganz nah.
Die Kraft der Spiegelluft
sie zu meinen Lieben ruft.«

Lasst die Kerze so lange brennen, wie ihr es für nötig haltet, um die Heilenergie zu versenden. In der Regel reichen zwanzig bis sechzig Minuten. Lasst euch von eurer Intuition leiten.

Wenn ihr bereit seid, den Zauber zu beenden, sprecht:

»Ich sende heilendes Licht
in meiner Lieben Geist,
beende mit der Macht des Wassers
den Leidenskreis.«

Steckt die Kerze zum Löschen direkt in die kleine Schale mit Heilwasser, um den Spruch zu besiegeln.

Zusammenhalt

ZIEL DES ZAUBERS: Dieser Zauber heilt ein Zerwürfnis zwischen Freunden und repariert entzweite Freundschaften.

EMPFOHLENER ZEITPUNKT:
Neumond

BENÖTIGTE GEGENSTÄNDE:

- ein 30 Zentimeter langer Stock aus der Umgebung
- für jede an dem Streit beteiligte Person ein 30 Zentimeter langes Stück Schnur oder Band
- Athame
- Kerze
- Feuerzeug

MAGISCHE ZUTATEN:

- Sodalith-Kristalle
- Fluorit-Kristalle
- 1 Tropfen Orangenöl pro an dem Streit beteiligter Person

ZAUBER

Ritzt mit eurem Athame die Initialen aller an dem Streit beteiligten Freunde in den Stock.

Gebt einen Tropfen Orangenöl auf jede der Initialen, um die Namen in Freundschaft zu binden.

Bindet jeden Faden an die Spitze des Stocks, sodass der Großteil des Fadens an dem Stock herabhängt.

Entzündet eure Kerze und lasst das heilende Licht für ein paar Sekunden auf den Stock scheinen, bis das Wachs zu schmelzen beginnt. Nehmt eure Kerze und kippt sie, sodass das Wachs auf und über die Knoten der Fäden an der Stockspitze tropft. Lasst das Wachs aushärten.

Jetzt flechtet und wickelt alle Fäden um den Stock, sodass ihre Energien ineinander verschlungen sind. Versiegelt die Enden der Fäden mit Wachs von der Kerze am anderen Ende des Stocks. Löscht dann die Kerze.

Stellt oder legt den Stock zusammen mit einigen Sodalith- und Fluorit-Kristallen an ein Fenster, wo der Neumond die Neuanfänge der Freundschaft segnen kann, die euer magischer Stock geheilt hat.

Sei du selbst

ZIEL DES ZAUBERS: Oft haben unsere Familie und Freunde Schwierigkeiten, für ihr authentisches Ich akzeptiert zu werden. Mit diesem Zauber könnt ihr eure Liebsten von dem Druck heilen, etwas zu sein, was sie nicht sind, und ihnen helfen, sich so zu akzeptieren, wie sie sind.

EMPFOHLENER ZEITPUNKT:
Neumond

BENÖTIGTE GEGENSTÄNDE:

- runder Teller
- Kerze
- Feuerzeug

MAGISCHE ZUTATEN:

- 1 Tasse getrockneter Lavendel
- 7 Zweige frischer Thymian
- 1 Bergkristall
- 1 Amethyst-Kristall
- 1 Sodalith-Kristall
- 1 Aventurin-Kristall
- 1 Zitrin-Kristall
- 1 Karneol-Kristall
- 1 Jaspis-Kristall

ZAUBER

Stellt die Kerze in die Mitte des Tellers. Verteilt den Lavendel gleichmäßig um die Kerze herum auf dem Teller.

Wickelt jeden Kristall in einen Thymianzweig, um die Macht seiner Eigenschaften zu verstärken. Bildet mit den thymianumwickelten Kristallen einen Kreis um die Kerze auf dem Lavendelbett.

Wenn ihr so weit seid, entzündet die Kerze und sprecht:

»Sieben Teile machen [NAME] ganz,
Geist, Körper und Seele erblühen im Tanz.

Bergkristall, ich erbitte deine Kraft der Akzeptanz.
Amethyst, ich erbitte deine Kraft des Wissens.
Sodalith, ich erbitte deine Kraft der Wahrheit.
Aventurin, ich erbitte deine Kraft des Herzens.
Zitrin, ich erbitte deine Kraft des Selbstwertgefühls.
Karneol, ich erbitte deine Kraft der Leidenschaft.
Jaspis, ich erbitte deine Kraft der Selbstakzeptanz.

Sieben Teile machen [NAME] ganz,
Geist, Körper und Seele erblühen im Tanz.«

Blast die Kerze aus, um die Energie von Selbstliebe und Selbstakzeptanz an ihr Ziel zu senden.

Eine ideale Gelegenheit

ZIEL DES ZAUBERS: Egal ob ein bedeutendes Vorstellungsgespräch, ein wichtiger Test, ein erstes Date oder der Beginn einer neuen Freundschaft, mit diesem Glaszauber könnt ihr eure Liebsten von Selbstzweifeln heilen, die uns davon abhalten, neue Gelegenheiten zu nutzen.

EMPFOHLENER ZEITPUNKT:
am Abend vor der großen Gelegenheit

BENÖTIGTE GEGENSTÄNDE:
- Glas mittlerer Größe, das untere Drittel mit Salz gefüllt
- Feuerzeug
- Kerze
- 1 Esslöffel Bittersalz
- kleine Schale

MAGISCHE ZUTATEN:
- kleine Zitrin-Steine oder -Kiesel
- Mischung von ätherischen Ölen:
    - 5 Tropfen Basilikumöl
    - 5 Tropfen Bergamotteöl
    - 5 Tropfen Orangenöl

Vermischt die Öle und das Bittersalz gründlich in einer kleinen Schale. Verteilt die Mischung auf dem Salz im Glas. Stellt die Kerze in der Mitte des Glases in das Salz.

Reiht die Zitrin-Steine um die Innenwand des Glases herum auf.

Wenn ihr so weit seid, entzündet die Kerze und sprecht dreimal laut den Namen der Person aus, der ihr helfen wollt.

Sprecht dann:

»Mit Salz und Öl die Flamme brennt,
durch Stein des Mutes angefeuert.
Brenne hell, fest, stetig und behänd,
sei stolz, sei laut, dein Mut sei dir beteuert.

All die helfende Magie
und ihre Heilenergie,
das alles sende ich dir zu,
denn alles das bist morgen du.«

Nennt den Namen der Person noch dreimal. Lasst die Kerze ganz bis zum Salz runterbrennen, um den Spruch zu besiegeln.

Süchte binden und einfrieren

ZIEL DES ZAUBERS: Sich von einer Sucht zu erholen ist ein steiniger Weg und oft sehr schwer. Helft euren Liebsten mit diesem Impulse kontrollierenden Zauber dabei, ihre schädlichen Süchte zu überwinden.

EMPFOHLENER ZEITPUNKT:
Vollmond

BENÖTIGTE GEGENSTÄNDE:

- gefrierfeste Schale oder Tupperschale mit Deckel
- kleines Stück Holz oder Rinde
- Athame
- kleine Schale
- kleiner Pinsel
- Wasser

MAGISCHE ZUTATEN:

- ½ Tasse Lavendel
- ½ Tasse Thymian
- Karneol-Kristalle
- Mischung von ätherischen Ölen:
    - 7 Tropfen Weihrauchöl
    - 7 Tropfen Zedernholzöl
    - 3 Tropfen Pfefferminzöl

Zauber

Ritzt mit eurem Athame die Initialen der süchtigen Person in das Holz.

Mischt die Öle mit einem kleinen Pinsel in der Schale zusammen. Pinselt damit das Stück Holz ein.

Sprecht beim Pinseln:

»Fort mit dir, Sucht, kein weiterer Drang,
Öle erleuchtet den Weg zum Neuanfang.
Wie diese Magie ins Holz eindringt,
sie ewige Freiheit von Süchten bringt.«

Legt das eingeölte Holz nach draußen, um es im Licht des Vollmonds aufzuladen.

Am Morgen holt ihr das Holz rein und legt es mit dem Lavendel und dem Thymian in die Tupperschale. Füllt die Schale mit Wasser und deckt sie zu, dann stellt ihr sie bis zum Neumond in den Gefrierschrank, um den Zauber zu besiegeln und die Sucht zu binden.

Die Vergangenheit verstreut, die Zukunft gesegnet

ZIEL DES ZAUBERS: In der Vergangenheit zu leben hält uns davon ab, unser wahres Schicksal zu akzeptieren. Heilt die Erinnerungen eurer Liebsten, um sie zu ermutigen, ihr Leben selbstbewusst in die Zukunft zu führen.

EMPFOHLENER ZEITPUNKT:
abnehmender Mond, Neumond

BENÖTIGTE GEGENSTÄNDE:

- Stück Papier
- Stift mit schwarzer Tinte
- hitzebeständige Schale
- kochendes Wasser
- Handtuch
- Stabfeuerzeug

MAGISCHE ZUTATEN:

- ¼ Tasse Lavendelblüten
- 1 Lorbeerblatt
- eine Prise Cayennepfeffer

Schreibt auf eine Seite des Papiers all die Dinge, von denen ihr meint, dass sie diese Person davon abhalten, ihr Leben in die Zukunft zu führen. Auf die andere Seite schreibt ihr den Namen oder die Initialen der Person und zeichnet zum Schutz ein Pentagramm über den Namen.

Füllt die Schale mit kochendem Wasser und Lavendelblüten. Lasst das Papierstück in das heiße Wasser fallen und seht zu, wie die Tinte sich auflöst. Wartet, bis das Wasser abgekühlt ist und die Blüten all die Negativität der Wörter auf dem Papier aufgesaugt haben.

Nehmt das Papier aus dem Wasser und lasst es über Nacht zum Trocknen auf dem Handtuch liegen. Kippt das restliche Wasser und die Lavendelblüten draußen weg oder in die Toilette, um sicherzugehen, dass ihr die aufgenommenen negativen Energien wegschickt.

Am nächsten Morgen legt ihr das jetzt trockene Stück Papier wieder in die Schale. Gebt das Lorbeerblatt und den Cayennepfeffer hinzu. Verbrennt alle drei Zutaten gemeinsam mit dem Stabfeuerzeug zu Asche. Entsorgt die Asche draußen oder in der Toilette, um euren Liebsten endgültig von dem zu befreien, wovon die Person zurückgehalten wurde.

Das Buch der Liebe

ZIEL DES ZAUBERS: Dieser Zauber soll all jenen, die euch am meisten bedeuten, einen beständigen Strom von liebevoller Energie und Heilung zukommen lassen. Indem ihr ihre Namen an einem gesegneten Ort aufschreibt, ruft ihr die Kraft des geschriebenen Wortes herbei. Indem ihr frische Kräuter zwischen den Seiten trocknen lasst, ladet ihr sie für die Ewigkeit mit Kräutermagie voll Liebe und Heilung auf.

EMPFOHLENER ZEITPUNKT:
Vollmond

BENÖTIGTE GEGENSTÄNDE:
- leeres Notizheft oder euer Buch der Schatten
- Stift mit roter Tinte
- Wattestäbchen

MAGISCHE ZUTATEN:
- frischer Rosmarinzweig
- 1 bis 2 Tropfen Basilikumöl

ZAUBER

Schreibt im Licht des Vollmonds mit roter Tinte den Namen jeder Person in euer Buch, die ihr eurer bedingungslosen Liebe und Heilung für würdig erachtet.

Gebt ein oder zwei Tropfen Basilikumöl auf euer Wattestäbchen. Salbt jeden der Namen, indem ihr ganz leicht dieses Öl der heilenden Liebe darauftupft.

Sprecht, während ihr tupft:

»Das geschriebene Wort
meine Liebe zeigt klar,
das Basilikum
meine heilenden Wünsche macht wahr.«

Schließlich drückt ihr zum Schutz den frischen Rosmarinzweig auf die Seite der Liebe. Schließt das Buch fest um den Rosmarin und legt weitere Bücher oben auf euer Buch, damit ihr Gewicht den Rosmarin zusammen mit dem Öl und den Namen fest in die Seiten eures Buches pressen kann.

Schlagt diese Seite eures Buches immer dann auf, wenn eine Person, die ihr darauf verewigt habt, leidet und heilende, liebevolle Energie benötigt.

Heilt Gruppen

Als Hexende sind wir Teil vieler verschiedener Gruppen in unserem Leben. Vielleicht gehören wir einem Coven an, aber darüber hinaus gehen die meisten von uns zur Arbeit, genießen Hobbys und leisten Dienste an der Gemeinschaft. Hexende gehören zu Online-Communitys und digitalen sozialen Netzwerken. Wir sind Teil unserer Nachbarschaft und Länder. Und schließlich akzeptieren wir als Heilende unsere Rolle als Schützende der Entrechteten, die mächtige Gruppierungen mit der Wahrheit konfrontieren und den Kampf für soziale Gerechtigkeit aller Menschen anführen. Ganz egal, welchen Gruppen wir angehören, sie alle beherbergen riesige Mengen an Energie, die uns selbst beeinflussen, andere Mitglieder der Gruppe und vielleicht sogar die Welt als Ganzes. Bei den folgenden Sprüchen lernt ihr, mit der Macht der Witchcraft diese Gruppenenergien zu nutzen, um positive, heilende Veränderungen für die Gruppen in eurem Leben zu veranlassen.

Gruppenschutz-Sigille

ZIEL DES ZAUBERS: Sigillen sind mächtige Symbole, von Hexenden erschaffen, um einen beständigen Strom an Magie und Absicht fließen zu lassen, selbst wenn unsere Aufmerksamkeit anderswo liegt. Erschafft eine Sigille nach dem Namen eurer Gruppe, um die Gruppe zu schützen.

EMPFOHLENER ZEITPUNKT:
Neumond

BENÖTIGTE GEGENSTÄNDE:
- Papier
- Stift mit schwarzer Tinte

MAGISCHE ZUTATEN:
- Petersilienstängel
- 1 Zitrin-Kristall
- 1 Karneol-Kristall

Zauber

Schreibt den Namen der Gruppe auf das Stück Papier. Streicht alle Vokale und schreibt den Namen noch einmal, nur mit den Konsonanten. Seht ihr, wie die Konsonanten interessante Winkel und Kurven zueinander bilden?

Legt das Papier auf euren Altar und stellt euch mit je einem der Kristalle in jeder Hand davor auf. Atmet langsam und gleichmäßig ein und aus, während ihr euch auf die Konsonanten konzentriert. Bittet die Energien des Zitrins und des Karneols, eure Arme hinaufzuwandern und euer Gehirn und euer Herz mit Kraft und Kreativität aufzuladen. Spürt, wie eure Finger und Handflächen warm vor Energie werden.

Wenn ihr die kreative Energie ganz fest spüren könnt, legt ihr die Steine auf das Papier. Nehmt jetzt wieder euren Stift – es wird Zeit, eure Kreativität zu nutzen, um das schützende Symbol, also die Sigille, zu erschaffen. Ihr könnt dabei nichts falsch machen, also zweifelt nicht. Lasst euch von den Kristallenergien leiten.

Stellt die Konsonanten um, während ihr sie neu schreibt, und verbindet sie so, dass sie ein Zeichen bilden. Vielleicht in Kreisform, für einen holistischen Schutz, oder in einer Linie oder Pfeilform für punktuellen Schutz. Lasst die Witchcraft in euch und die Notwendigkeiten der Gruppe euch leiten.

Wenn ihr zufrieden mit der gestalteten Sigille seid (manchmal braucht das ein paar Anläufe!), schreibt ihr die finale Form auf ein neues Blatt Papier. Versiegelt die schützende Macht der Sigille, indem ihr mit dem Petersilienstängel wie mit einem Pinsel die Sigille nachzeichnet.

Nutzt die Sigille auf offiziellen Schreiben der Gruppe, geteiltem Material, Informationswänden oder in eurem Buch der Schatten, um der Gruppe dauerhaften Schutz zu bieten und einströmende negative Energien abzuwehren.

Ein Glas voller Harmonie

ZIEL DES ZAUBERS: Diese Mischung im Glas wird allgemeine Unstimmigkeiten in der Gruppe lindern und harmonische Schwingungen aussenden.

EMPFOHLENER ZEITPUNKT:
Vollmond

BENÖTIGTE GEGENSTÄNDE:

- Glas mit Deckel

MAGISCHE ZUTATEN:

- 1 Tasse getrocknete Kamille
- 1 Teelöffel Muskat
- 1 Sodalith-Kristall
- 1 Bergkristall
- 6 Tropfen Teebaumöl

Zauber

Ordnet die getrocknete Kamille rund um die Innenseite des Glases an, bis sie den ganzen Kreis ausfüllt. Konzentriert eure Absicht dabei auf beruhigendes Gleichgewicht und Harmonie.

Streut den Muskat in das Glas und konzentriert euch dabei auf Zusammenhalt und Verständnis.

Gebt drei Tropfen Teebaumöl auf der rechten Seite in das Glas, und dann drei Tropfen auf der linken Seite. Deckt das Glas mit dem Deckel zu, um die Energie der Elemente darin zu versiegeln. Lasst das Glas am Fenster stehen, um seine Magie durch die Vollmondnacht aufladen zu lassen.

Stellt das Glas auf euren Altar, Schreibtisch oder in einen Raum der Gruppe, von wo aus es seine heilenden Harmonien aussenden kann. Nehmt den Deckel ab, wenn ihr einen stärkeren Schub braucht. Erneuert das Glas bei Bedarf jeden Monat.

Die Macht der Drei für Energie

ZIEL DES ZAUBERS: Dieser Zauber nutzt Kerzenmagie, um einen Mangel an Energie durch einen belebenden Energietransfer zu heilen. Heilt mit diesem Spruch Gruppen von psychischer und physischer Erschöpfung.

EMPFOHLENER ZEITPUNKT:
zunehmender Mond, Vollmond

BENÖTIGTE GEGENSTÄNDE:

- 3 Kerzen
- 1 Teller
- Feuerzeug

MAGISCHE ZUTATEN:

- ½ Tasse getrockneter Rosmarin
- ½ Tasse getrocknete Minze
- Eukalyptusöl (so viel wie benötigt)

Zauber

Salbt jede Kerze mit ein paar Tropfen Eukalyptusöl, um ihre Energie zu verstärken.

Vermischt den Rosmarin und die Minze und verteilt die Mischung gleichmäßig auf dem Teller. Rollt die geölten Kerzen darin herum, um sie mit Kraft und Erneuerung zu ummanteln.

Stellt eure gekräuterten Kerzen auf eurem Altar auf und sprecht, während ihr sie entzündet:

»Eine Kerze brennt hoch und hell,
lass Erneuerung fließen, lodernd und schnell.
Zwei Kerzen brennen gemeinsam und stark,
Energie wird steigen, schwache Stimmung verjagt.
Drei Kerzen brennen in harmonischem Schein,
lass Stärke verweilen, so soll es sein.«

Lasst die Kerzen mindestens drei Minuten lang brennen und meditiert für wachsende Energie. Wenn ihr so weit seid, blast die Kerzen aus. Lagert die Kerzen aufrecht an einem kühlen, trockenen Ort und holt sie hervor, um sie zu entzünden, wann immer eure Gruppe einen neuen Energieschub braucht. Erneuert das Öl und die Kräuter, falls nötig.

Führe-mit-Liebe-Anhänger

ZIEL DES ZAUBERS: Dieser Anhänger wird der Gruppe helfen, zur Liebe zu greifen, wenn ihre Mitglieder miteinander agieren. Der Anhänger heilt Ego-Schwächen, die Konflikte in der Gruppe auslösen.

EMPFOHLENER ZEITPUNKT:
Vollmond

BENÖTIGTE GEGENSTÄNDE:

- Faden oder Schnur zum Aufhängen
- 2 Bänder (jeweils 30 Zentimeter lang)

MAGISCHE ZUTATEN:

- 7 frische Rosmarinzweige
- 1 kleiner Bergkristall

ZAUBER

Legt die Rosmarinzweige auf eurem Altar aus.

Nehmt sie auf und steckt sie zu einem Bund zusammen, einen nach dem anderen, und sprecht zu jedem Zweig passend:

»Der Zweige einen,
Konflikt gibt es keinen.
Der Zweige zwei,
Streit ist vorbei.
Der Zweige drei,
es ruhiger nun sei.
Der Zweige vier,
nur Liebe noch hier.
Der Zweige fünf,
Heilung geglückt.
Der Zweige sechs,
das Ende des Schrecks.
Der Zweige sieben,
die Vergangenheit vertrieben.«

Bindet die Zweige mit den beiden Bändern zusammen, indem ihr diese fest um das untere Ende der Zweige wickelt, um den Spruch zu besiegeln.

Steckt den kleinen Bergkristall zwischen das Band und den Rosmarin, um die Macht des Anhängers zu erhöhen.

Hängt den Anhänger an eine gut sichtbare Stelle, etwa über eine Tür oder in ein Fenster, damit ihr an seine Macht erinnert werdet.

Zwei werden Eins

ZIEL DES ZAUBERS: Dieser Zauber soll unvereinbare Standpunkte zusammenbringen und helfen, die Uneinigkeit und Spannungen zwischen zwei Parteien zu schlichten.

EMPFOHLENER ZEITPUNKT:
Neumond, zunehmender Mond

BENÖTIGTE GEGENSTÄNDE:

- 2 kleine Schalen, mit Salz gefüllt
- Kerze
- Feuerzeug
- mittlere Schale
- Glas mit Deckel

MAGISCHE ZUTATEN:

- 1 Lorbeerblatt
- 1 Esslöffel gemahlenes Kurkuma
- 1 Esslöffel gemahlener Cayennepfeffer

Zauber

Stellt jeweils eine Schale mit Salz zu beiden Seiten der Kerze auf. Jede Schale verkörpert eine Seite des Konflikts.

Gebt das Kurkuma auf das Salz der rechten Schale und den Cayennepfeffer auf das Salz der linken Schale. Seht, wie ähnlich die beiden Gewürze aussehen, obwohl sie sehr unterschiedlich sind.

Legt euren Finger in die Mitte der Salz-Kurkuma-Mischung und zeichnet im Uhrzeigersinn eine nach außen führende Spirale. Tut dasselbe mit der Cayennepfeffer-Salz-Mischung, dort aber gegen den Uhrzeigersinn.

Entzündet die Kerze und sprecht:

»Zwei Seiten,
verschieden gemacht,
doch gleich im Sein,
finden zusammen
im Kerzenschein.«

Schüttet den Inhalt der beiden kleinen Schalen in der großen Schale zusammen. Malt mit eurem Finger ein Pentagramm in die Mischung, um beide Seiten miteinander zu verbinden.

Entzündet das Lorbeerblatt in der Kerzenflamme und lasst es über der Schale abbrennen, um eure heilende Absicht zu besiegeln. Wenn die Flamme eure Finger erreicht, lasst den Rest des Blatts in die Salzmischung fallen. Verbrennt den Rest des Lorbeerblatts mit dem Feuerzeug.

Gebt die Mischung in ein Glas und schließt den Deckel fest. Lagert es bis zum Vollmond an einem harmonischen Ort, etwa zwischen euren Hauspflanzen, neben dem Kamin oder an einem gemütlichen Fenster. Am Morgen nach dem Vollmond entsorgt ihr den Inhalt des Glases draußen im Müll, um die magische Heilung des Zerwürfnisses zwischen zwei Parteien zu vollenden.

Ungerechtigkeit zerstreuen und besiegen

ZIEL DES ZAUBERS: Dieser Zauber schützt all jene, die Ungerechtigkeiten zu ertragen haben, und heilt die davon betroffenen Gruppen.

EMPFOHLENER ZEITPUNKT:
Vollmond

BENÖTIGTE GEGENSTÄNDE:

- Kessel
- kochendes Wasser
- ein Blatt Papier
- Stift mit schwarzer Tinte

MAGISCHE ZUTATEN:

- 2 Esslöffel gemahlener Salbei
- 1 Turmalin-Kristall
- 1 Bergkristall

Schreibt die Ungerechtigkeiten, denen die Gruppe ausgesetzt ist, auf das Blatt Papier.

Legt die Liste in den leeren Kessel und beschwert sie mit dem stärkenden, Schmerz absorbierenden Turmalin und dem verstärkenden Bergkristall. Streut mit reinigenden Absichten den Salbei über das Papier.

Wenn ihr so weit seid, kippt das kochende Wasser in den Kessel und über das Papier. Beobachtet, wie die Tinte sich auflöst, wenn das Wasser sie trifft. Spürt, wie die Kristalle die negative Energie absorbieren, die das Papier freigibt. Riecht den Salbei, säubernd, beruhigend und heilsam. So wie das Wasser alles durchdringt, tut das auch die Heilenergie. Wenn das Wasser abkühlt, lässt auch die Macht der Ungerechtigkeit nach.

Nachdem das Wasser ganz ausgekühlt ist, nehmt ihr eure Kristalle wieder aus dem Kessel, um sie zu säubern. Kippt den restlichen Inhalt des Kessels in die Toilette, um die Ungerechtigkeit dort hinzuschicken, wohin sie gehört: weit weg von der Gruppe.

Fünf Sinne der Toleranz

ZIEL DES ZAUBERS: Gruppen bestehen oft aus ganz unterschiedlichen Charakteren, deren Lebensläufe und Hintergründe in manchen Fällen ganz anders sind als unsere. Dieses Ritual heilt jede noch verbliebene Intoleranz, die wir in uns tragen, und richtet unseren Körper auf Mitgefühl aus.

EMPFOHLENER ZEITPUNKT:
wenn benötigt

BENÖTIGTE GEGENSTÄNDE:

- kleine Schale
- Wattestäbchen
- 15 Milliliter Jojobaöl

MAGISCHE ZUTATEN:

- 7 Tropfen Teebaumöl oder Lavendelöl, je nach Vorliebe

ZAUBER

Mischt die Öle in der kleinen Schale gründlich mit dem Wattestäbchen zusammen. Solltet ihr im Laufe des Rituals noch mehr Öl brauchen, mischt neues an.

Sprecht:

»Ich bin nur eine Person,
ein Teil vom Ganzen.
Toleranz und Mitgefühl
sind meine Chancen.«

Tupft vorsichtig das Öl zwischen eure Augen und auf eure Stirn und sprecht:

»Öffne meine Augen
für Andersartigkeit.
Durch dies Öl
verbanne ich Fremdenfeindlichkeit.«

Tupft etwas Öl auf beide Ohrläppchen und sprecht:

»Öffne meine Ohren
für andrer Leute Wahrheit.
Durch dies Öl
finden wir Zusammenhalt.«

Tupft etwas Öl zwischen eure Oberlippe und Nase. Seid sparsam, falls ihr geruchsempfindlich seid. Sprecht:

»Öffne meine Nase,
um Intoleranz zu riechen.
Durch dies Öl
wird Güte sie besiegen.«

Tupft etwas Öl auf euer Kinn und sprecht:

»Öffne meinen Mund,
mit Leidenschaft zu sprechen.
Dies Öl soll Ignoranz
allüberall zerbrechen.«

Tupft etwas Öl auf jedes Handgelenk und sprecht:

»Öffne meine Hände,
zum Pflegen und Hegen.
Durch dieses Öl
erreicht jeden mein Segen.«

Lasst den beruhigenden Duft alle Energiebarrieren auflösen und eure ganze Toleranz erwecken.

Helfende Handwäsche

ZIEL DES ZAUBERS: Dieser Zauber ermutigt die Gruppe, einander zu helfen und zu unterstützen, und hilft gegen »einsame Wölfe«, die die Produktivität und Kreativität in der Gruppe behindern.

EMPFOHLENER ZEITPUNKT:
wenn benötigt

BENÖTIGTE GEGENSTÄNDE:

- große Schale, groß genug, dass ihr bequem beide Hände hineinlegen könnt
- warmes Wasser

MAGISCHE ZUTATEN:

- ½ Tasse frische Basilikumblätter
- Aventurin-Kristalle
- Rauchquarz-Kristalle
- ein paar Tropfen Orangenöl

Zauber

Legt die Kristalle in die Mitte eurer Schale.

Schüttet das Wasser über die Kristalle und lasst es einige Minuten aufladen. Gebt mit der Absicht für freudige, unterstützende Beziehungen das Basilikum und das Orangenöl hinzu.

Taucht beide Hände ins Wasser. Macht waschende Bewegungen mit euren Händen, um störende Energien zu vertreiben. Streicht mit den Fingern durchs Wasser und sagt ihm, wie beruhigend es ist. Nehmt mit den hohlen Händen Wasser auf und lasst es zurücktropfen, während ihr ihm sagt, wie wertvoll seine Unterstützung ist. Planscht ein bisschen. Seid verspielt und nett zum Wasser. Bei diesem Zauber geht es um Verbindung und eine positive Einstellung. Denkt an eure Gruppenmitglieder und wie ihr einander helfen könnt.

Genießt das Wasser, bis es abgekühlt ist. Nehmt dann eure Hände raus und kippt das Wasser weg. Nehmt eure Arbeit mit erfrischten, helfenden Händen wieder auf und wisst, dass ihr durch die sympathische Magie eurer Handwäsche auch eurer Gruppe geholfen habt.

Vorangehen

ZIEL DES ZAUBERS: Dieser Zauber stärkt die Gruppenleitung, heilt sie von Selbstzweifeln und bereichert ihr Ego mit einem mitfühlenden Herzen. Nutzt diese Kerzenmagie, um für eure Gruppenleitung den richtigen Weg zu öffnen.

EMPFOHLENER ZEITPUNKT:
Vollmond

BENÖTIGTE GEGENSTÄNDE:

- 3 Kerzen
- Feuerzeug
- Kessel

MAGISCHE ZUTATEN:

- getrockneter Thymianzweig
- getrockneter Lavendelzweig
- getrockneter Rosmarinzweig
- 1 Aventurin-Kristall
- 1 Amethyst-Kristall
- 1 Zitrin-Kristall

ZAUBER

Platziert die drei Kerzen nebeneinander auf eurem Altar.

Legt den Aventurin vor die erste Kerze. Er verkörpert das leidenschaftliche Herz.

Legt den Amethyst vor die zweite Kerze. Er verkörpert beständige Weisheit.

Legt den Zitrin vor die dritte Kerze. Er verkörpert achtsame Handlungen.

Entzündet alle drei Kerzen und sprecht:

»Bei der Macht der drei
und noch mal drei,
Heilung für den Führenden
lasse ich frei.«

Entzündet den Thymian mit der ersten Kerze und sprecht:

»Thymianblatt, brenne frei,
blockierendes Ego gehe vorbei.«

Lasst den brennenden Thymian in euren Kessel fallen, wenn die Flamme eure Finger erreicht.

Entzündet den Lavendel an der zweiten Kerze und sprecht:

»Lavendelzweig, brenne hell,
gib Weisheit den zündenden Funken schnell.«

Lasst den brennenden Lavendel in den Kessel fallen, wenn die Flamme eure Finger erreicht.

Entzündet den Rosmarin an der dritten Kerze und sprecht:

»Rosmarinzweig, brenne stark, kluge Entscheidung bestimme den Tag.«

Lasst den brennenden Rosmarin in den Kessel fallen, wenn die Flamme eure Finger erreicht.

Sobald die Kräuter im Kessel nicht mehr brennen, blast ihr die Kerzen aus, um den Spruch zu besiegeln. Verteilt die Asche draußen, um die Magie durch eine Erdbindung zu stärken.

Neumond-Wachstumszauber

ZIEL DES ZAUBERS: Manchmal scheinen wir einfach keine Fortschritte bei unserer Witchcraft-Arbeit zu machen. Dieser Zauber nutzt die Magie des Neumonds, um die Enttäuschungen der letzten Mondzyklen abzuschütteln, und heilt eventuell noch verbliebene Verbitterung, damit sich die Gruppe selbstbewusst weiterentwickeln kann.

EMPFOHLENER ZEITPUNKT:
Neumond

BENÖTIGTE GEGENSTÄNDE:

- 4 Kerzen
- Feuerzeug
- Athame

MAGISCHE ZUTATEN:

- 1 Amethyst-Kristall
- 1 Fluorit-Kristall

Ritzt mit dem Athame die Symbole der vier Elemente in die Kerzen (siehe Seite 50). Nutzt für jedes Symbol eine Kerze.

Stellt die Erd-Kerze an die nördliche Seite eures Altars, die Luft-Kerze an die östliche, die Feuer-Kerze an die südliche und die Wasser-Kerze an die westliche.

Legt den Amethyst und den Fluorit in die Mitte der vier Kerzen.

Entzündet die vier Kerzen und sprecht:

»Im Süden, Westen, Nord und Ost,
spendet dies Licht im Dunkeln Trost.
Im Osten, Süden, West und Nord,
sende ich Energie nun fort.
Im Norden, Osten, Süd und West,
vom letzten Mondzyklus kein Rest.
Im Westen, Norden, Ost und Süd,
herrliches Wachstum, ungetrübt.«

Meditiert darüber, euch von allen alten Energien zu säubern. Lasst neue, wachstumsorientierte Energie den Raum in euch füllen, den die vertriebenen Fehlschläge und Bitterkeit hinterlassen.

Work-Life-Balance-Arznei

ZIEL DES ZAUBERS: Oftmals arbeitet eine Gruppe so hart an ihren Zielen, dass sie ganz vergisst, auch mal die Erfolge zu feiern. Mit diesem Zauber heilt ihr das Gefühl von alltäglicher Plackerei und weckt Kreativität und Spaß.

EMPFOHLENER ZEITPUNKT:
Vollmond

BENÖTIGTE GEGENSTÄNDE:

- eure liebste tanzbare Playlist
- Diffuser für ätherische Öle
- Seifenblasen
- Kerzen

MAGISCHE ZUTATEN:

- Karneol-Kristalle
- Rosenquarz-Kristalle
- Turmalin-Kristalle
- Mischung von ätherischen Ölen:
  - 8 Tropfen Ylang-Ylang-Öl
  - 6 Tropfen Bergamotteöl
  - 4 Tropfen Orangenöl

Schaltet eure Musik und euren Diffuser mit der Ölmischung darin an.

Verteilt Kerzen und Kristalle überall an dem von euch ausgewählten Ort. Ihr wollt die Nacht mit Lichtern und schönen Dingen aufhellen, um eure Stimmung zu heben. Tanzt mit Leidenschaft, während ihr ein wunderschönes Areal errichtet, in dem ihr Spaß haben könnt.

Wenn ihr so weit seid, holt die Seifenblasen. Lasst für jedes Mitglied eurer Gruppe Seifenblasen aufsteigen und ruft freudig den Namen der Person, während ihr den Blasen beim Tanzen zuschaut. Tanzt weiter und genießt die Energie des Ortes, bis ihr spürt, dass euer Trübsinn von Freude und Kreativität vertrieben wird. Eure neue Einstellung wird ansteckend für eure Gruppe sein, wenn ihr sie das nächste Mal seht.

Magisches Wasser für den Gemeinschaftsgarten

ZIEL DES ZAUBERS: Dieser Zauber heilt alle Energiestörungen in der Gruppe durch das Wachstum eines gesunden Gemeinschaftsgartens und fördert die Zusammenarbeit in der Gruppe.

EMPFOHLENER ZEITPUNKT:
zunehmender Mond, Vollmond

BENÖTIGTE GEGENSTÄNDE:

- großes Glas mit Deckel
- frisches Wasser aus verschiedenen Quellen

MAGISCHE ZUTATEN:

- ½ Tasse Rosmarin
- ½ Tasse Basilikum
- Aventurin-Kristalle
- Rosenquarz-Kristalle

ZAUBER

Macht es euch in der Phase des zunehmenden Mondes zur Aufgabe, Wasser aus drei verschiedenen Quellen in eurem Umfeld zu sammeln. Vielleicht aus dem Gartenschlauch oder dem Waschbecken eines freundlichen Nachbarn. Vielleicht gibt es einen See in eurer Gegend oder einen Bach oder Fluss. Ihr könnt auch an verschiedenen Orten Gefäße aufstellen und Regenwasser sammeln.

Schüttet alle Wasser in dem großen Glas zusammen.

Wenn ihr genug Wasser habt, gebt die Kristalle und Kräuter dazu.

Stellt das Wasser während des Vollmonds jede Nacht raus zum Aufladen. Verrührt den Inhalt des Glases jeden Tag, um die Zutaten aktiv und fließend zu halten. Sobald der Vollmond vorbei ist, bringt ihr das Wasser in euren Gemeinschaftsgarten und wässert damit die Pflanzen, um ihr Wachstum, ihre Heilung und ihren Dienst an der Gemeinschaft zu stärken.

Legt die Kristalle im Garten in die Nähe von Pflanzen, die einen zusätzlichen Wachstumsschub gebrauchen könnten.

Blätter für die Gemeinschaft

ZIEL DES ZAUBERS: Unsere Nachbarschaft ist ebenso vielseitig wie die Bäume, die darin wachsen. Mit der heilenden Macht der Bäume erschafft ihr eine Mischung, die die nachbarschaftliche Gemeinschaft enger zusammenrücken lässt und Gefühle von Isolation und Einsamkeit auflöst.

EMPFOHLENER ZEITPUNKT:
abnehmender Mond, Neumond

BENÖTIGTE GEGENSTÄNDE:

- Backblech
- Glas mit Deckel
- Laub aus der Nachbarschaft
- Mörser und Stößel

MAGISCHE ZUTATEN:

- Bergkristalle
- Rosenquarz-Kristalle
- Jaspis-Kristalle

ZAUBER

Sammelt ein oder zwei Handvoll verschiedener Laubsorten in eurer Nachbarschaft zusammen. Verteilt sie auf einem großen Backblech, sodass sie sich nicht überlappen. Legt die Berg- und Rosenquarz-Kristalle auf oder zwischen die Blätter, um sie mit liebevoller, gemeinschaftlicher Energie aufzuladen. Lasst die Blätter etwa eine Woche an einem sonnigen Ort in der Wohnung trocknen.

Wenn die Blätter getrocknet sind, zerreibt ihr sie alle mit dem Stößel im Mörser, bis ihr nur noch kleine Flocken habt.

Sprecht, während ihr sie zerreibt:

»Bäume der Welt, Bäume der Liebe,
schickt uns eurer Segen Triebe.
Verbindet diese Nachbarschaft
mit Eintracht, die uns stärker macht.«

Kippt die zerriebenen Blätter in das Glas. Legt die Jaspis-Kristalle obendrauf, um die Mischung mit der Nachbarschaft zu vereinen. Nehmt das Glas mit auf einen Spaziergang durch die Umgebung, damit die Magie darin sich frei verteilen kann.

Die magische Kette der Gemeinschaft

ZIEL DES ZAUBERS: Diese magische Kette festigt den Zusammenhalt zwischen der Gruppe und der Gemeinschaft, der sie dient. Sie löst alle Blockaden und lässt euch für das Wohl aller zusammenarbeiten.

EMPFOHLENER ZEITPUNKT:
Vollmond

BENÖTIGTE GEGENSTÄNDE:

- kleine Schale
- 4 Blatt Bastel- oder Tonpapier, DIN A4
- Schere
- Filzstifte
- Klebeband
- Wattestäbchen
- 15 Milliliter Jojobaöl

MAGISCHE ZUTATEN:

- 4 Tropfen Zedernholzöl

Vermischt mit dem Wattestäbchen das Zedernholzöl und das Jojobaöl in der kleinen Schale. Ladet die Mischung auf, indem ihr mit dem Wattestäbchen ein Pentagramm darin zeichnet.

Schneidet jedes Blatt Papier längs in vier Streifen.

Nun habt ihr sechzehn Papierstreifen. Die Zahl »Vier« ist eine Zahl des strukturellen Zusammenhalts, und wir nutzen die Macht dieser Zahl im Quadrat, um eine magische Kette aus sechzehn Gliedern zu basteln. Schreibt auf jeden Streifen Papier jeweils ein Projekt oder Programm, eine Kampagne, Facette oder ein Werkzeug der Gruppe, und wie es der Gemeinde nutzt.

Wenn ihr fertig geschrieben habt, taucht ihr euer Wattestäbchen in die Ölmischung und tupft mit dem Öl leicht über jede der sechzehn Nachrichten, um eure Absicht zu versiegeln.

Bastelt aus den Papierstreifen mit dem Klebeband eine Papierkette. Sprecht, während ihr bastelt:

»Vier mal vier,
wir bauen dieses Fundament,
vier mal vier,
damit uns niemals etwas trennt,
vier mal vier,
mit Hilfe und vereinter Kraft,
vier mal vier,
entsteht unsere Gemeinschaft.«

Hängt die Kette gut sichtbar auf, damit sie ihre Energien zur Stützung der Gemeinde frei ausstrahlen kann.

Gruppenzauber für Heilung, Wachstum und Geschlossenheit

ZIEL DES ZAUBERS: Diesen Gruppenzauber könnt ihr mit Freund*innen, Familienmitgliedern, einem Coven oder einer anderen Gruppe durchführen, um die Gruppe in einem heilenden Gebet zu vereinen.

EMPFOHLENER ZEITPUNKT:
Vollmond

BENÖTIGTE GEGENSTÄNDE:

- Diffuser für ätherische Öle
- 1 Kerze für jeden Teilnehmenden
- Feuerzeug
- Gebetskarten mit dem Text für alle, die das Gebet noch nicht kennen

MAGISCHE ZUTATEN:

- Mischung von ätherischen Ölen:
  - 8 Tropfen Ylang-Ylang-Öl
  - 8 Tropfen Bergamotteöl

Schaltet den Diffuser mit der Ölmischung ein.

Alle Teilnehmenden sitzen im Schneidersitz im Kreis auf dem Boden. Alle erhalten eine Kerze, die sie vor sich auf den Boden legen, sodass sie auf sie zeigt. Alle Teilnehmenden legen ihre Hände auf die Knie der Personen rechts und links von ihnen, der rechte Arm liegt über dem linken Arm.

Die Person, die das Gebet anleitet, führt eine kurze Atemübung durch, um die Energie im Raum anzugleichen, und spricht:

»Atmet Heilung ein, halten, atmet Schmerz aus.
Atmet Liebe ein, halten, atmet Hass aus.
Atmet das Positive ein, halten, atmet das Negative aus.
Atmet Selbstbewusstsein ein,
halten, atmet Zweifel aus.«

Dann nimmt die Leitung ihre Hände von den Knien der Personen neben sich und bedeutet den anderen, das ebenfalls zu tun. Die Leitung nimmt ihre Kerze und entzündet sie. Mit der Flamme ihrer Kerze entzündet sie die Kerze der Person links von ihr. So wird das Feuer immer nach links weitergegeben, einmal rum, bis alle Kerzen brennen.

LEITUNG: »Wir bitten um heilende Energie.«
GRUPPE: »Säubere uns. Heile uns. Repariere uns.«
LEITUNG: »Wir bitten um Kraft und Wachstum.«
GRUPPE: »Festige uns. Sichere uns. Nähre uns.«

LEITUNG: »Wir bitten um Leidenschaft und ein unbefangenes Herz.«
GRUPPE: »Liebe uns. Erde uns. Stärke uns.«
ALLE: Blast die Kerzen aus.
LEITUNG: »Wir trennen uns, um die Energie mitzunehmen, die wir gemeinsam hier erschaffen haben.«
GRUPPE: »So soll es sein.«

Hexende ziehen ihre Kraft aus ihrer Umgebung und werden stark von den Energien beeinflusst, mit denen sie sich umgeben. Wir haben ein Zuhause, in dem wir Schutz suchen. Wir haben einen Planeten, den wir betreuen. Wir kümmern uns um diese Orte als Akt der Selbstpflege und der Pflege anderer, mit denen wir leben. Die empathische, sympathische Natur der Witchcraft wirkt am ehesten an Orten, die klare, positive, wachstumsorientierte und heilende Energien beherbergen. Indem wir die Energien in unserem Zuhause, an Plätzen in der Natur und auf dem Planeten als Ganzes heilen, stärken wir die Basis unserer Kraft und können diese umso wirksamer für unsere Familie, unser Umfeld und alle Menschen anwenden. In diesem Kapitel lernt ihr Sprüche und Rituale, die euch zeigen, wie ihr euer Zuhause und den Planeten heilt und dauerhafte Heilenergie für das größtmögliche Wohl sammelt: Eine Welt voller gesunder Heilender, welche die Energie von Mutter Erde für immer verbessern.

TEIL 4

Heilt eure Welt

Heilt euer Zuhause

Das Zuhause von Hexenden ist ihr Rückzugsort und ihre Machtbasis. Wir ziehen Energien aus der Umgebung, die wir für uns selbst schaffen, und diese Energie sollte zu unseren heilenden Absichten passen. Die Sprüche und Rituale, die hier folgen, befreien euer Zuhause von negativen Einflüssen und schützen es vor möglichen negativen Einwirkungen. Das Ziel dieser magischen Rezepte ist es, eine friedvolle, stärkende Umgebung zu schaffen, die euch immer bei eurer heilsamen Arbeit unterstützen wird.

Einladende Lavendel-Türwäsche

ZIEL DES ZAUBERS: Dieser Zauber befreit euer Zuhause von allen unwillkommenen Schwingungen und erschafft eine Aura der freudigen Begrüßung für Gäste.

EMPFOHLENER ZEITPUNKT:
Neumond

BENÖTIGTE GEGENSTÄNDE:

- große Schale mit heißem Wasser
- Waschlappen

MAGISCHE ZUTATEN:

- 5 Zweige frischer Lavendel
  oder 1 Tasse getrockneter Lavendel
- 3 Tropfen Lavendelöl

Zauber

Die Tür von Hexenden ist traditionell lila gestrichen. Nutzt die Macht eures Hexeneingangs, indem ihr ihn mit purpurnem Lavendel wascht, dem Kraut der Wärme und des Willkommens.

Gebt dafür eure magischen Zutaten in das heiße Wasser.

Lasst sie ihre Magie auf das Wasser wirken und sprecht:

»Lavendelpurpur, warm und treu,
erschaffe grüßende Schwingungen neu.«

Taucht euren Waschlappen in das Wasser und wischt eure ganze Eingangstür mit dem begrüßenden magischen Wasser. Denkt daran, wie ihr unwillkommene Schwingungen vertreibt und eure Tür zu einem Portal ins Heiligtum wird. Wenn ihr fertig seid, kippt ihr das restliche Wasser mit den Kräutern auf eure Eingangstreppe oder legt die Kräuter unter eure Fußmatte, um die begrüßende Energie noch länger zu halten.

Hexen-Türglocken

ZIEL DES ZAUBERS: Erstellt diesen verhexten Glöckchen-anhänger, um ihn an den Griff eurer Eingangstür zu hängen. Die Glöckchen bimmeln immer, wenn jemand euer Heim betritt oder verlässt, wobei ihre Energien gesäubert werden. Dies bewahrt euer Zuhause davor, dass negative Energien hereinkommen, und entlässt die Energien eurer Gäste aus eurem Zuhause, wenn sie gehen.

EMPFOHLENER ZEITPUNKT:
Vollmond

BENÖTIGTE GEGENSTÄNDE:

- 3 hübsche Bänder
- 3 Glöckchen

MAGISCHE ZUTATEN:

- Orangenöl
- Weihrauchöl
- Zedernholzöl

Zauber

Legt die drei Bänder auf euren Altar. Eines verkörpert Freundschaft und Wohlwollen. Das zweite Säuberung und Reinigung. Das dritte verkörpert Erdung und Ruhe. Bindet sie alle an einem Ende zusammen, sodass der Rest der Bänder frei bleibt. Gebt einen Tropfen jedes Öls auf den Knoten.

Knotet jetzt je ein Glöckchen an die freien Enden der Bänder. Nehmt das Freundschaft-Band und gebt etwas Orangenöl auf den Knoten am Glöckchen. Nehmt das Säuberung-Band und gebt etwas Weihrauchöl auf den Knoten am Glöckchen. Beim Erdung-Band gebt ihr etwas Zedernholzöl auf den Knoten am Glöckchen.

Schlingt das obere Ende der Bänder um den Türgriff an der Innenseite eurer Eingangstür und knotet es fest. Jetzt wird eure Tür regelmäßig von negativer Energie befreit und Freundschaft, gute Laune und eine feste Erdung an alle gesendet, die durch diese Tür treten.

Reiner Herd, reines Wasser

ZIEL DES ZAUBERS: Dieser Zauber nutzt Heimmagie und eine Herdplatte, um die Luft eures Zuhauses zu reinigen und noch vorhandene negative Energien zu vertreiben. Der Trank wird von allen Zutaten befreit und wirkt wieder wie klares Wasser, ist aber in Wirklichkeit ein starkes, schützendes Waschwasser.

EMPFOHLENER ZEITPUNKT:
abnehmender Mond, Neumond

BENÖTIGTE GEGENSTÄNDE:

- Herdplatte
- Stieltopf mit Deckel
- 3 Tassen Wasser
- großer Löffel zum Umrühren
- Nudelsieb
- Glasflasche mit Deckel
- ein Stück Stoff oder ein Lappen
- eine Prise Salz
- 1 ganze Zitrone

MAGISCHE ZUTATEN:

- 1 Tasse frische Salbeiblätter
- 3 frische Rosmarinzweige
- 1 Esslöffel geraspelter Ingwer

Schneidet die Zitrone längs in acht Spalten, um Macht aus den acht Mondphasen zu ziehen.

Gebt das Wasser in den Topf und dazu die Kräuter, die Zitrone und das Salz.

Kocht den Inhalt auf mittlerer Stufe auf, rührt gelegentlich um.

Lasst das Wasser sprudelnd kochen, dreht dann die Hitze runter und legt den Deckel auf den Topf.

Lasst das Wasser ein paar Stunden köcheln. Um mehr Geruch zu verbreiten, könnt ihr den Deckel zwischendrin abnehmen. Der Duft reinigt euer Heim durch magischen Dampf.

Schließlich die Mischung abkühlen lassen und dann durch das Sieb in die leere Flasche füllen. Die Kräuter und das Obst kompostieren oder entsorgen. Lagert das Wasser außerhalb von Sonnenlicht.

Nutzt das Wasser und einen Lappen, um damit Fenster, Türschwellen oder einzelne Gegenstände wie Kristalle zu säubern, die Reinigung und Schutz benötigen. Ihr könnt das Wasser auch selbst nutzen, indem ihr es täglich als Schutz oder Reinigung auf eure Stirn tupft. Das Wasser vertreibt negative Energien und erhöht den Schutz, während es wie eine gewöhnliche Flasche mit Wasser aussieht.

Drei Nächte bis zum entrümpelten Heim

ZIEL DES ZAUBERS: Dieser Zauber hilft euch, euer Zuhause von Gerümpel zu befreien, das oft nur ein anhängliches Ego symbolisiert und durch seine lähmende Energie produktive Zauber blockiert.

EMPFOHLENER ZEITPUNKT:
Neumond

BENÖTIGTE GEGENSTÄNDE:

- Diffuser für ätherische Öle
- zwei große Kartons
- Stifte
- Kerze
- Feuerzeug

MAGISCHE ZUTATEN:

- Zitrin-Kristalle
- Turmalin-Kristalle
- Mischung von ätherischen Ölen:
  - 5 Tropfen Eukalyptusöl
  - 5 Tropfen Pfefferminzöl
  - 5 Tropfen Orangenöl

Die Neumondphase dauert drei Nächte an. Um euch nicht zu überfordern, solltet ihr euch drei Stellen in eurem Zuhause suchen, die ihr in dieser Zeit entrümpeln möchtet. Vielleicht ein Buchregal, euren Kleiderschrank und eure Küche. Konzentriert euch auf Stellen, die einen spürbaren Einfluss auf Ruhe und Konzentration in eurer Tagesroutine haben.

Beginnt am ersten Abend des Neumonds. Schaltet an dem Ort, an dem ihr arbeiten wollt, euren Diffuser mit der Ölmischung ein. Entzündet in der Nähe eine Kerze, achtet aber darauf, dass sie euch nicht im Weg steht. Legt die Zitrin- und Turmalin-Kristalle um die Kerze herum. Mit der Energie des säubernden Neumonds, der Ölmischung und dem Kerzen-Kristall-Minialtar seid ihr gut ausgestattet, die Dinge mit produktiver Energie loszulassen.

Holt eure beiden großen Kartons. Auf einen Karton malt ihr eine große Spirale gegen den Uhrzeigersinn. In diesen Karton kommen Dinge, die ihr wegwerfen, recyceln, kompostieren oder spenden wollt. Auf den anderen Karton malt ihr eine Spirale im Uhrzeigersinn. In diesen kommen Dinge, die ihr behalten wollt und woanders unterbringen müsst.

Macht euch erhebende Musik an und arbeitet eine Stunde konzentriert durch. Wiederholt das in jeder Nacht des Neumonds. Ihr werdet staunen, wie viel neuen, frischen Raum ihr in drei Stunden erschaffen könnt. Genießt die Freiheit und Energie, welche die entrümpelten Stellen euch und eurer magischen Arbeit bringen.

Schützender Pentagramm-Anhänger

ZIEL DES ZAUBERS: Dieser Zauber nutzt die fünf Seiten des Pentagramms, um schützende Energie in alle Ecken eures Zuhauses zu senden und diese Ecken, wenn nötig, von negativen Energien zu befreien.

EMPFOHLENER ZEITPUNKT:
Vollmond

BENÖTIGTE GEGENSTÄNDE:

- 5 gleich lange Stöcke mit gleichem Umfang, die ihr draußen gesammelt habt
- Faden oder Band
- Schere

MAGISCHE ZUTATEN:

- 1 Aventurin-Kristall
- 1 Jaspis-Kristall
- 1 Karneol-Kristall
- 1 Sodalith-Kristall
- 1 Amethyst-Kristall
- Zedernholzöl (so viel wie benötigt)
- Weihrauchöl (so viel wie benötigt)

Salbt in der Vollmondnacht jeden eurer Stöcke mit einer kleinen Menge Zedernholz- und Weihrauchöl.

Legt einen Stock in den Garten, auf die Veranda, auf den Treppenabsatz oder an eine andere sichere Stelle außerhalb eures Zuhauses. Legt den Aventurin daneben.

Legt den zweiten Stock auf die Anrichte in der Küche. Legt den Jaspis daneben.

Legt den dritten Stock auf euren Kaminsims oder in euer Wohnzimmer. Legt den Karneol daneben.

Legt den vierten Stock ins Badezimmer. Legt den Sodalith daneben.

Legt den fünften Stock unter euer Bett. Legt den Amethyst daneben.

Lasst alle Stöcke über Nacht an ihrem Ort liegen und die Vollmondenergie aufnehmen, die Energie der Räume, in denen sie liegen, und die Energie der Kristalle und Öle.

Bindet die Stöcke am Morgen mit Band oder Faden in Form eines Pentagramms zusammen. Das verbindet alle Energien eures Heims an einem Ort. Hängt das Pentagramm des Schutzes und der Heilung über die Eingangstür eures Zuhauses.

Verhexte Arbeitsplatz-Neudekoration

ZIEL DES ZAUBERS: Schmückt euren Schreibtisch oder Arbeitsplatz mit der heilenden Magie von Thymian, Kristallen und Aromatherapie, um eure Arbeit mit mehr Kraft und Konzentration zu versehen.

EMPFOHLENER ZEITPUNKT:
Neumond

BENÖTIGTE GEGENSTÄNDE:

- Diffuser für ätherische Öle
- sonniges Fenster

MAGISCHE ZUTATEN:

- Thymianpflanze im Topf
- Zitrin-Kristalle
- Aventurin-Kristalle
- Karneol-Kristalle
- Mischung von ätherischen Ölen:
  - 8 Tropfen Pfefferminzöl
  - 8 Tropfen Weihrauchöl

Stellt den Thymian an einen sonnigen Ort, wo er gedeiht und wo ihr arbeiten könnt.

Gebt die Ölmischung in den Diffuser und schaltet diesen während eurer Arbeit in 15-Minuten-Intervallen ein.

Verteilt auf eurem Arbeitsplatz die Zitrine für Willensstärke, die Aventurine für Arbeit, die von Herzen kommt, und die Karneole für Kreativität und Leidenschaft.

Haltet die Kristalle in der Hand, schaltet den Diffuser ein und genießt die Kraft eurer Thymianpflanze, wenn ihr glaubt, Energie oder die Konzentration zu verlieren.

Salzige Heim-Hexerei

ZIEL DES ZAUBERS: Diese Salzschalen sind die perfekte Art, euer Heim präventiv gegen negative Energien zu schützen, indem sie sie direkt absorbieren, wenn sie aufkommen.

EMPFOHLENER ZEITPUNKT:
herstellen an jedem Neumond, monatlich entsorgen

BENÖTIGTE GEGENSTÄNDE:

- pro Zimmer eine kleine Schale oder ein Glas
- mindestens 1 Pfund Salz

MAGISCHE ZUTATEN:

- ganze Nelken
- Bergkristalle
- Turmalin-Kristalle
- Fluorit-Kristalle
- Teebaum- oder Weihrauchöl, je nach Geschmack, für jede Schale

Zauber

Gebt in jede Schale mindestens 2,5 Zentimeter Salz.

Gebt einen Energie absorbierenden Kristall wie Bergkristall, Turmalin oder Fluorit dazu.

Gebt ein paar Nelken dazu.

Gebt ein paar Tropfen Öl dazu, um die Mischung zu versiegeln.

Stellt eure Schalen an unauffälligen, aber oft genutzten Orten im Heim auf, am besten in jedem Raum, um aufkommende negative Energien zu absorbieren.

Reflektionen von Gemütlichkeit

ZIEL DES ZAUBERS: Dieser Zauber wird an Tagen, an denen ihr euch nervös oder unwohl fühlt, Schwingungen von Gemütlichkeit durch euer Heim senden. Lasst eure Seele von der heilenden Macht von Licht und Aromen beruhigen.

EMPFOHLENER ZEITPUNKT:
wenn benötigt

BENÖTIGTE GEGENSTÄNDE:

- kleine Schale
- Wattestäbchen
- 15 Milliliter Jojobaöl
- 1 großer Spiegel
- 5 Kerzen
- Kessel, mit Salz gefüllt
- Feuerzeug
- 1 große Unterlage (großes Schneidebrett, Käsebrett oder Backblech zum Beispiel)

MAGISCHE ZUTATEN:

- 5 getrocknete Lorbeerblätter
- 5 Tropfen Lavendelöl

Vermischt die Öle mit dem Wattestäbchen in der kleinen Schale. Zeichnet mit dem eingeölten Wattestäbchen ein Pentagramm auf die Unterlage. Lasst jede Linie des Pentagramms für ein Unbehagen stehen, welches ihr mit diesem Spruch vertreiben möchtet. Legt die Unterlage vor den großen Spiegel.

Stellt eure Kerzen auf die Unterlage vor dem Spiegel. Jede Kerze sollte eine der Spitzen des Pentagramms bedecken.

Entzündet die Kerzen und sprecht:

»Mit einer Kerze und dann zwei,
ruf ich den Zauber von Klarheit herbei.
Mit drei Kerzen und dann vier,
Gemütlichkeit von Decke bis Boden herrscht hier.
Die fünfte Kerze als Letztes brennt
und meine Seele
von schlechten Schwingungen trennt.«

Verbrennt nacheinander die Lorbeerblätter in den Kerzenflammen und lasst sie in den Kessel fallen, wenn die Flamme eure Finger erreicht. Sprecht bei jedem Blatt laut aus, welches Unbehagen ihr ziehen lasst. Konzentriert eure Absichten darauf, die Unruhe loszulassen. Atmet den beruhigenden Duft des brennenden Lorbeers tief ein.

Sobald ihr alle Blätter verbrannt habt, konzentriert ihr euch auf die leuchtenden Kerzenlichter im Spiegel. Lasst von ihrem beruhigenden Licht die Stellen in euch mit Energie füllen, die ihr von den Unruhen befreit habt.

Girlande der Freude

ZIEL DES ZAUBERS: Diese Girlande, beliebt zur Julzeit, weil sie gute Laune verbreitet, ist ein wundervolles Mittel, euer Heim das ganze Jahr über mit freudiger, kameradschaftlicher Energie zu füllen. Hängt diese Girlande in eurer Küche auf, um damit Sorgen, depressive Stimmungen und Ärger zu vertreiben.

EMPFOHLENER ZEITPUNKT:
zunehmender Mond, Vollmond

BENÖTIGTE GEGENSTÄNDE:

- 1 oder 2 Orangen, je nach Größe
- Faden, etwa 15 bis 30 Zentimeter länger als euer Küchenfenster breit ist
- weiteres Band, um Zimt und Rosmarin aufzuhängen
- Zahnstocher oder Schaschlikspieße
- Backrost
- Reißnägel

MAGISCHE ZUTATEN:

- ½ Tasse ganzer Sternanis
- 3 Rosmarinzweige
- 3 Zimtstangen

DIE ORANGENSCHEIBEN TROCKNEN

Bevor ihr die Girlande basteln könnt, müsst ihr die Orangen trocknen. Die Hitze des Ofens wird die freudvollen Energien der Frucht sehr viel länger darin versiegeln als in einer frischen Frucht.

Heizt den Ofen auf 120 °C vor. Schneidet die Orange in 0,5 bis 1 Zentimeter dicke Scheiben. Stecht mit dem Zahnstocher ein Loch in die Mitte jeder Scheibe. Legt die Scheiben auf ein Backrost (kein Backblech!), damit sie nicht festbacken. Legt sie zwei bis drei Stunden in den Ofen und dreht sie alle halbe Stunde um. In einem Konvektionsherd kann es schneller gehen, also achtet darauf, wann sie anfangen braun zu werden. Nehmt sie aus dem Ofen und lasst sie ganz abkühlen.

DIE GIRLANDE BASTELN

Zeit, kreativ zu werden! Nehmt eure Materialien für die Girlande. Fügt gerne noch eigene Zutaten hinzu, wie Pinienzapfen oder Kristalle, falls ihr mögt.

Fädelt abwechselnd verschiedene Zutaten auf den Faden. Beginnt mit einer getrockneten Orangenscheibe. Nehmt dann einen oder mehrere Sternanise. Wechselt zwischen Anisen und Orangenscheiben ab, bis alles verbraucht ist. Hängt die Girlande mit Reißnägeln oben am Küchenfenster auf.

Beendet die Girlande, indem ihr Rosmarinzweige und Zimtstangen daran festbindet, sodass sie herabhängen.

Genießt die wunderbaren Düfte und die fröhliche Energie, die Traurigkeit vertreibt und Sorgen auflöst. Entsorgt sie nach ein paar Wochen und bastelt bei Bedarf eine neue.

Schwarzes Salz gegen schlechte Schwingungen

ZIEL DES ZAUBERS: Mit diesem Zauber stellt ihr schwarzes Salz her, ein Ritualsalz, das gegen negative Energien hilft und das Zuhause vor schlechten Schwingungen schützt.

EMPFOHLENER ZEITPUNKT:
Vollmond

BENÖTIGTE GEGENSTÄNDE:

- ½ Tasse Salz (am besten weißes Meersalz)
- Mörser und Stößel
- Glas

MAGISCHE ZUTATEN:

- 1 Esslöffel Pfeffer
- 2 Esslöffel Asche von euren Zaubern

Zauber

Die Asche könnt ihr von einem eurer Kaminfeuer nehmen, einem Freudenfeuer oder nachdem ihr rituelle Kräuter verbrannt habt. Vermeidet Asche mit Wachsresten darin, sie verunreinigen die Mischung.

Gebt eure Zutaten in den Mörser und zerreibt sie mit dem Stößel mindestens fünf Minuten lang, bis alles gut vermischt ist.

Sprecht beim Zerreiben:

»Verwandle dich, Salz, ich befehle es dir,
mit Pfeffer und Asche gehorchst du mir,
wirst ein mächtiger Schild, kräftig und fest,
mein Wunsch ist dein Wille, schwarzes Salz bist du jetzt.«

Bewahrt das Ritualsalz in dem Glas auf. Streut an jedem Vollmond etwas schwarzes Salz auf den Eingang eures Heims. Ihr könnt auch nach einem schlimmen Streit oder einer Krankheit ein wenig davon bei euch zu Hause auf den Boden streuen, um die negativen Energien zu absorbieren. Saugt es einfach nach etwa dreißig Minuten wieder auf und entsorgt den Inhalt des Staubsaugers draußen im Müll.

Heilendes Garten-Pentagramm

ZIEL DES ZAUBERS: Nutzt die heilende Kraft von fünf mächtigen Gartenpflanzen, indem ihr ein Pentagramm der heilenden Elementar-Energie in eurem Garten erschafft.

EMPFOHLENER ZEITPUNKT:
einpflanzen im Frühling während des Neumonds, nachdem die Gefahr eines weiteren Frosts vorbei ist

BENÖTIGTE GEGENSTÄNDE:

- Pflanzkelle
- Gartensteine (wenn ihr mögt)

MAGISCHE ZUTATEN:

- 1 Thymianpflanze
- 1 Rosmarinpflanze
- 1 Basilikumpflanze
- 1 Salbeipflanze
- 1 Oreganopflanze
- 5 Aventurin-Kristalle

ZAUBER

Erschafft in eurem Garten eine Oase aus einem magischen Pentagramm, indem ihr diese fünf Pflanzen strategisch einpflanzt. Ich empfehle Pflanzen, die mindestens 15 bis 20 Zentimeter hoch sind.

Beginnt damit, dass ihr in eurem Garten mit der Pflanzkelle ein Pentagramm markiert. Grabt an jeder der fünf Spitzen ein Loch für die Pflanzen. Die Pflanzen sollten etwa 60 bis 90 Zentimeter auseinanderstehen.

Pflanzt den Thymian an die Spitze des Fünfsterns. Sie verkörpert eure Hexenseele, die von Zeit zu Zeit Stärke und Heilung braucht.

Pflanzt den Rosmarin an die obere rechte Spitze. Rosmarin nennt man auch »Tau des Meeres«, und er sendet Schwingungen heilenden Wassers aus.

Pflanzt das Basilikum, ein Kraut mit Feuer-Verbindung, an die untere rechte Spitze. Er sendet heilende Feuer-Energie.

Pflanzt den Salbei, ein Kraut mit Erd-Verbindung, an die untere linke Spitze, um die heilenden Kräfte der Erde zu wecken.

Pflanzt den Oregano, ein Kraut mit Luft-Verbindung, an die obere linke Spitze, um die heilenden Eigenschaften der Luft zu rufen.

Segnet und ermutigt jede neu eingesetzte Pflanze, indem ihr je einen Aventurin neben ihren Stamm legt.

Wenn ihr einen deutlicheren Pentagrammeffekt wünscht, zeichnet die Linien des Sterns mit Gartensteinen nach.

Meditiert regelmäßig in der Mitte eures heilenden Pentagramms der Pflanzenenergie, um euch erfrischt, erneuert und unbelastet zu fühlen.

Rückzugsort des Friedens

ZIEL DES ZAUBERS: Manchmal ist es unmöglich, nur friedvolle und gesunde Schwingungen im eigenen Zuhause zu haben, vor allem, wenn wir mit anderen Menschen zusammenwohnen. Egal ob kleine Kinder, hormongesteuerte Teenager, bellende Haustiere oder Familienmitglieder, die einen schlechten Tag haben: Manchmal braucht unser hexendes Ich einen Rückzugsort. Mit diesem Ritual erschafft ihr euren Rückzugsort, den ihr aufsuchen könnt, wenn eure heimischen Energien ein einziges Chaos sind.

EMPFOHLENER ZEITPUNKT:
wenn benötigt

BENÖTIGTE GEGENSTÄNDE:

- Diffuser für ätherische Öle

MAGISCHE ZUTATEN:

- 5 Zweige Rosmarin oder Lavendel
- 1 Rosenquarz-Kristall
- 1 Fluorit-Kristall
- 1 Amethyst-Kristall
- Lavendelöl

Wählt einen kleinen, abgelegenen Ort als euren Rückzugsort. Vielleicht euer Schlaf- oder Badezimmer. Manche finden ihn bei ihren Bücherregalen oder auf der Veranda. Ich habe dieses Ritual sogar schon einmal in einem Wäscheschrank durchgeführt. Findet euren perfekten Ort.

Gebt ein paar Tropfen Lavendelöl in den Diffuser und schaltet ihn ein.

Stellt die drei Kristalle vor euch ab. Beschwört die Weisheit der Jungfrau, der Mutter und des Alten Weibs, euch zu helfen, Ruhe zu finden, wenn ihr mögt. Bittet den Rosenquarz um den Optimismus der Jungfrau, den Fluorit um die Heilkraft der Mutter und den Amethyst um die Weisheit des Alten Weibs.

Atmet tief und langsam, während ihr meditiert und Ruhe und Frieden euch durchströmen. Schenkt euch selbst die Fähigkeit, alle Sorgen und lauten Stimmen in eurem Kopf loszulassen. Nur für den Augenblick.

Legt aus euren fünf Kräuterzweigen ein Pentagramm vor euch aus. Spürt mit jedem abgelegten Zweig, wie der Frieden in euch klarer wird. Spürt den Frieden in euch wachsen, während ihr das Pentagramm beendet. Bewundert euer Werk mit weiteren tiefen Atemzügen des Lavendelöls. Wenn ihr so weit seid, nehmt diese Energie wieder mit zurück zur Arbeit und zu den Beziehungen des Tages.

Hexenleiter-Anhänger

ZIEL DES ZAUBERS: Dieser Anhänger strahlt von euch gezielt ausgesuchte positive Energien in eurem Zuhause aus.
Wir fühlen uns oft überwältigt von einem Mangel an Führung und Klarheit in unserem Leben. Das Aufhängen einer Hexenleiter in eurem Heim hilft euch, dieses Gefühl der Orientierungslosigkeit abzulegen und die Energien des gewünschten Lebens aufzunehmen.

EMPFOHLENER ZEITPUNKT:
Vollmond

BENÖTIGTE GEGENSTÄNDE:

- 90 Zentimeter Band oder Faden für den Leiterholm
- weitere kleine Bänder oder Fäden, um herabhängende Sprossen festzubinden

MAGISCHE ZUTATEN:

- 1 Rosmarinzweig
- Bergkristalle
- 10 weitere kleine Objekte eurer Wahl

Zauber

Dieser Spruch zieht seine Macht aus euren Absichten für euer eigenes Leben und von eurer Knotenmagie. Daher beginnt ihr den Zauber damit, dass ihr euch zehn Objekte aussucht, die ihr zur Hand habt, und die die Art von Energie widerspiegeln, die ihr in eurem Heim und in eurem Leben haben wollt. Es gibt keine falschen Gegenstände. Ihr sucht nur Dinge, die euch inspirieren und motivieren und klein genug sind, um an das Band eurer Hexenleiter gehängt zu werden. Einige Beispiele für solche Objekte sind:

- Muscheln, um die ozeantiefe feminine Weisheit zu nutzen
- ein Pfefferminzzweig oder eine Münze, um Geld in euer Leben zu lassen
- ein Stein aus eurem Garten, um eure Erdung zu stärken
- ein Kristall, der das widerspiegelt, was ihr sucht – etwa Rosenquarz für Liebe oder Zitrin für Selbstvertrauen
- eine Feder, um eurer Stimme und euren Absichten mehr Gehör zu verschaffen
- ein Glöckchen, um Stagnation zu lösen
- ein Stift, eine Zahnbürste, Häkelnadel oder etwas in der Art, um eure künstlerische Ader zu verbessern
- Spiel- oder Tarotkarten wie die Herz-Königin oder die Königin der Kelche, die Liebe verspricht
- eine Kette oder ein Anhänger von einem geliebten Menschen, der über schwere Zeiten in eurer Beziehung hilft

Die Möglichkeiten sind endlos! Das Wichtigste ist, dass die Objekte für euch eine Bedeutung haben.

Die Leiter basteln

Legt das 90 Zentimeter lange Band längs auf eure Tischplatte. Das ist der Hauptteil eurer Hexenleiter, der Holm.

Beginnt damit, dass ihr den Rosmarinzweig und die Bergkristalle (mit flachen Stücken geht es am besten) in die Mitte des Hexenleiterholms bindet. Das ist die Basis eurer Hexenleiter. Macht weiter, indem ihr die anderen zehn Objekte festknotet, je fünf auf jeder Seite der Basis, sodass sie vom Holm herabhängen. Verteilt sie so, wie es sich für eure Intuition gut anfühlt.

Sobald sie fertig ist, hängt ihr die Leiter quer an ein sonniges Fenster, oder ihr lasst sie gerade herabhängen, was etwas diskreter aussieht. So oder so: Diese Gegenstände helfen euch bei konkreten Hindernissen in eurem Leben und füllen euer Zuhause mit positiven Energien, um euch dabei zu helfen, voller Selbstbewusstsein zu leben und vorwärtszukommen.

Liebe ist die beste Zutat

ZIEL DES ZAUBERS: Als viel beschäftigte Hexende haben wir oft nur wenig Zeit zum Kochen, darum schaffen wir es nicht immer, gezielt Liebe und Heilung in unsere Mahlzeiten zu geben. Mit diesem Säckchen in eurer Küche sendet ihr beständig heilende Schwingungen in eure Mahlzeiten, die dadurch automatisch mit Liebe gewürzt werden.

EMPFOHLENER ZEITPUNKT:
Vollmond

BENÖTIGTE GEGENSTÄNDE:
- Jutesäckchen oder ein Stück Stoff
- Faden oder Band

MAGISCHE ZUTATEN:
- 3 frische Basilikumblätter
- 3 Pfefferminzzweige
- 1 Lorbeerblatt
- 1 Esslöffel Piment
- Rosenquarz-Kristalle
- Zedernholzöl (so viel wie benötigt)

Legt Kräuter und Gewürze in das Säckchen und den Rosenquarz obendrauf.

Bindet das Säckchen mit drei Knoten zusammen. Sprecht dabei:

»Säckchen voller Liebeskraft,
würze alles, was diese Küche schafft.
Wenn viel ist los und Chaos wütet,
jede Mahlzeit hier nur Liebe hütet.«

Versiegelt das Säckchen, indem ihr ein paar Tropfen Öl auf die Knoten gebt. Ladet es unter dem Vollmond auf und hängt es in der Nähe eurer Kochplatte in der Küche auf, um einen beständigen Strom nährender, heilender Liebe in eure Kochkünste zu senden. Erneuert das Säckchen bei Bedarf jeden Vollmond.

Erneuerte Hoffnungen und Träume

ZIEL DES ZAUBERS: Diesen Zauber könnt ihr auch als Gruppe durchführen. Er soll eure Familie von Pessimismus befreien, welcher die Energie in eurem Zuhause stören kann. Durch energetisches Feuer und Wünsche erfüllende Lorbeerblätter erneuert ihr eure Hoffnungen und Träume.

EMPFOHLENER ZEITPUNKT:
Neumond

BENÖTIGTE GEGENSTÄNDE:
- Kessel mit 2,5 Zentimeter Salz
- Stabfeuerzeug

MAGISCHE ZUTATEN:
- 1 Lorbeerblatt für jede größere Hoffnung oder jeden Traum, den ihr und eure Familie habt

Zauber

Stellt den Kessel mit Salz in die Mitte des Familientisches und versammelt euch um den Tisch.

Jedes Familienmitglied steckt sein Lorbeerblatt so in das Salz, dass es gerade nach oben gerichtet ist. Währenddessen sollte jeder seine Absicht laut aussprechen. Zum Beispiel: »Ich hoffe, dass ich eine Zusage von der Universität bekomme« oder »Ich hoffe, dass meine Anspannung bald nachlässt«. Dann wiederholt die Gruppe als Ganzes die Absicht. Sprecht mit einer Stimme und voller Unterstützung. Zum Beispiel: »Fiona wünscht sich eine Zusage von der Universität.«

Sobald alle Blätter im Kessel platziert sind, entzündet jedes Familienmitglied der Reihe nach mit dem Stabfeuerzeug sein Blatt. Achtet darauf, das Feuerzeug so lange ans Blatt zu halten, bis es ganz aufs Salz runtergebrannt ist. Wenn ihr fertig seid, sollte es ziemlich rauchig in eurem Heim sein, öffnet also ein Fenster, aber vergesst nicht, die magische Güte des Rauchs auch einzuatmen. Der Rauch wird euch ermöglichen, die Sorgen loszulassen und wieder ein Gefühl der Hoffnung und Überzeugung für eure Träume und Ziele zu bekommen.

Heilt den Planeten

Aufgrund der Ehrfurcht und der Verbindung, die alle Hexenden zur Natur haben, ist es von Bedeutung, heilsame Energie auf unsere Mutter Erde zu richten. Wir sind Bewahrer des Ökosystems, Schützer der Tiere und Pflanzen und Notfallhelfer der Erde nach Naturkatastrophen. Wie Thomas Moore schrieb: »Die Erde ist keine Bühne für die Menschen. Sie ist ein lebendes Wesen. Wir leben nicht auf ihr, sondern mit ihr. Ihre Gesundheit ist unsere Gesundheit.« Die Sprüche und Rituale in diesem Kapitel dienen der Heilarbeit, die wir im Dienste der Erde und damit schlussendlich auch unserer eigenen Nachhaltigkeit als menschliche Spezies zuliebe durchführen.

Zurück in die Arme von Mutter Erde

ZIEL DES ZAUBERS: Seid ihr schon zu lange ohne Kontakt zum Planeten? Dieses Ritual für draußen reinigt euch von allen Energieblockaden und verbindet eure Energie wieder mit Mutter Erde.

EMPFOHLENER ZEITPUNKT:
verregnete Nacht

BENÖTIGTE GEGENSTÄNDE:

- Glas (zum Beispiel ein leeres Gurkenglas)
- Garn

MAGISCHE ZUTATEN:

- 1 Thymianzweig
- 1 Rosmarinzweig
- 1 Petersilienzweig
- 1 Bergkristall

ZAUBER

Stellt euer leeres Glas mit dem Bergkristall in der Mitte draußen auf. Lasst das Glas eine verregnete Nacht lang draußen stehen, um das Regenwasser aufzusammeln.

Am nächsten Tag, wenn der Regen vorbei ist und die Sonne scheint, bereitet ihr das Ritual vor, indem ihr die drei Kräuterzweige unten am Stamm zusammenbindet. Sichert das Garn mit drei Knoten. Holt euer Glas mit Regenwasser.

Geht mit dem Glas und dem Kräuterbündel an einen Ort in der Natur. Vielleicht habt ihr schon einen festen Ritualort. Vielleicht findet ihr einen Ort, der euch inspiriert. Lauft an dem Ort barfuß. Spürt, wie die matschige Erde zwischen euren Zehen hervorquillt. Wie der Schlamm an euren Füßen klebt, euch umarmt und begrüßt. Erdet euch in der Gegenwart von Mutter Erde. Atmet die Luft tief ein. Genießt die Aussicht. Fühlt euch dankbar.

Nehmt jetzt das Kräuterbündel und taucht die Spitzen der Kräuter in das Regenwasser. Sprecht:

»In Dankbarkeit und Ehrfurcht
vor Mutter Erde,
ich diesen Kräuterbund erdiger Güte
zum Himmel hebe.«

Hebt das Bündel mit ausgestrecktem Arm zur Sonne. Spürt ihre Wärme, die liebevoll das Bündel und euch umschmeichelt. Spürt, wie segnende Tropfen von Regenwasser vom Bündel auf euer Gesicht fallen.

Taucht das Bündel wieder ins Regenwasser. Richtet das Bündel nun nach unten und besprengt damit alle vier Himmelsrichtungen. Sprecht:

»Nord, Süd, Ost und West,
ich bin ein Kind der Erde.

Nord, Süd, Ost und West,
ich bin eine Liebende der Erde.
Nord, Süd, Ost und West,
ich bin eine Bewahrerin der Erde.
Das bin ich und werd es sein,
bis in alle Ewigkeit.«

Besiegelt das Ritual und eure liebenden Absichten, indem ihr den Bergkristall an diesem Ort vergrabt. Kippt das restliche Regenwasser über den vergrabenen Quarz, um dessen Energie in die Erde zu spülen. Lasst das Kräuterbündel als Geschenk an Mutter Erde an einen Ast gesteckt zurück. Nun seid ihr wieder mit Mutter Erde verbunden.

Menschliche Gleichgültigkeit heilen

ZIEL DES ZAUBERS: Diese rituelle Beschwörung nutzt die Macht von Feuer und Klinge, um alle Menschen der Erde zum Handeln zu motivieren. Sie soll die Gleichgültigkeit heilen, die viele Menschen in Bezug auf die Gesundheit des Planeten empfinden, und sie ermuntern, ihre Aufgabe als Bewahrer und Beschützer wahrzunehmen.

EMPFOHLENER ZEITPUNKT:
Vollmond

BENÖTIGTE GEGENSTÄNDE:

- 8 Kerzen
- Feuerzeug
- Athame

MAGISCHE ZUTATEN:

- Zitrin-Kristalle
- Aventurin-Kristalle
- Jaspis-Kristalle
- Bergkristalle

ZAUBER

Stellt die acht Kerzen in einer Reihe auf eurem Altar auf. Legt die Kristalle je zwischen zwei Kerzen, um ihre Energien zu verbinden.

Sprecht diese Beschwörung der Hoffnung:

»Ich entzünde diese vier Lichter
und rufe alle Himmelsrichtungen an.«

Entzündet die ersten vier Kerzen.

»Ich entzünde noch vier Lichter
für der Erde Söhne und Töchter.«

Entzündet die nächsten vier Kerzen.

»Ich ziehe die Klinge durch jede Flamme,
links nach rechts,
in besonnener Achtsamkeit,
und rufe allen Menschen zu:
›Los jetzt! Seid bereit!‹«

Fahrt mit eurem Athame durch alle Flammen.

Erhebt die gesäuberte Klinge nun über euren Kopf.

»Ich rufe, dass ich der Erde Schützer erwecke!
So hebe ich mein Athame zur Decke.
Ihr hört den Ruf jetzt nah und weit,
ihr heilt die Erde, ihr seid die Menschheit.«

Spürt, wie die Energie aus eurem Herzen strömt, den Arm hinauf und durch die Klinge hinaus an alle Menschen. Ihr seid eine Fontäne der Kraft, im Dienste der Hilfe für Mutter Erde inspiriert ihr die Menschheit überall, sie zu heilen.

Magie für die Tiere

ZIEL DES ZAUBERS: Dieser Zauber schützt Tiere und die Tierwelt insgesamt vor Bedrohungen, indem heilende, blühende Energie aus dem Regen und der Erde auf sie gelenkt wird.

EMPFOHLENER ZEITPUNKT:
kurz bevor es zu regnen beginnt

BENÖTIGTE GEGENSTÄNDE:

- Kreide
- asphaltierter Boden oder eine Kreidetafel

MAGISCHE ZUTATEN:

- Bergkristalle
- Aventurin-Kristalle

Zauber

Wählt drei bis fünf Tierarten aus, vor allem welche, die vom Aussterben bedroht sind, denen ihr gerne heilende Energien senden würdet. Seht euch Fotos von ihnen an.

Malt mit der Kreide auf asphaltiertem Boden oder einer Kreidetafel ein Bild dieser Tiere. Es muss nicht hübsch sein, es geht darum, dass ihr die Tiere mit Liebe und Hingabe zeichnet. Eure Absicht ist es, heilende Schwingungen zu erzeugen.

Legt die Bergkristalle und Aventurine an die Stelle, an der

die Augen liegen, um die Tierabbildungen, und dadurch die Tiere selbst mit positiven Erd-Energien zu verbinden.

Haltet dann eure Hände über die Zeichnungen und sprecht:

»Gesegnete Mutter,
schick dein regnerisches Herz,
schütze diese Tiere
und heile ihren Schmerz.«

Lasst die Zeichnungen und Kristalle draußen liegen, damit sie von der Macht des Regens fortgespült werden können. Mutter Erde hat euer Gebet erhört, eure Magie aufgenommen und lässt den Tieren ihren neuen Schutz zukommen.

Sammelt die Kristalle ein und legt sie an einem sonnigen Fenster in eine Schale, um die magische Energie weiter rausfließen zu lassen, an die Tierwelt. Wiederholt das Ritual, wann immer ihr es für nötig haltet.

Baum-Umarmung

ZIEL DES ZAUBERS: Dieser Schmuck soll die Gesundheit der weltweiten Baumbestände verbessern und anheben. Vereint euch mit den Naturelementen der Bäume aus eurer Umgebung und schickt tief verwurzelte Heilung an alle Bäume der Erde.

EMPFOHLENER ZEITPUNKT:
zunehmender Mond, Vollmond

BENÖTIGTE GEGENSTÄNDE:

- einen stabilen, trockenen Ast, mindestens 30 Zentimeter lang, der von einem Baum in der Nachbarschaft abgefallen ist
- Athame
- Blätter, Nüsse, Rinde, Früchte oder Zapfen von verschiedenen Bäumen der Umgebung
- Band oder Schnur

MAGISCHE ZUTATEN:

- Jaspis-Kristalle
- Bergkristalle
- Zedernholzöl (so viel wie benötigt)
- Eukalyptusöl (so viel wie benötigt)

Ritzt ein Pentagramm in eine Seite eures Astes und das Symbol des Planeten Erde in die andere Seite.

Versiegelt die Magie dieser Symbole, indem ihr das Pentagramm mit Eukalyptusöl und das Planet-Erde-Symbol mit Zedernholzöl salbt.

Knotet die Enden des Bandes an je ein Ende des Astes. Das Band sollte weit genug durchhängen, dass ihr den Ast locker an einen Haken oder Nagel in der Wand hängen könnt.

Nun schmückt den Ast mit den Teilen, die ihr von anderen Bäumen der Umgebung gesucht habt, und mit Kristallen, indem ihr sie mit Band am Ast festbindet und sie herabhängen lasst.

Hängt den Ast quer an eure Wand. Vielleicht bei euch zu Hause, oder vielleicht habt ihr den Ast lieber auf eurer Veranda oder der Terrasse hängen, wo er im Wind wehen kann. Euer Ast ist ein Werk heilender Liebe, der Wachstum und Nachhaltigkeit an alle Bäume der Welt aussendet.

Neue Frucht der Erde

ZIEL DES ZAUBERS: Mit diesem rituellen Segen könnt ihr die Nahrungsmittel der Erde mit Liebe und Wachstum versorgen und Regionen, die unter Nahrungsmangel leiden, unterstützen.

EMPFOHLENER ZEITPUNKT:
Neumond

BENÖTIGTE GEGENSTÄNDE:

- Schale mit warmem Wasser
- Athame

MAGISCHE ZUTATEN:

- 1 Petersilienstängel
- 1 Teelöffel Knoblauchpulver
- 1 Teelöffel Ingwerpulver
- Aventurin-Kristalle
- Zitrin-Kristalle

Zauber

Gebt die Kräuter und Gewürze in eure Schale mit warmem Wasser. Rührt die Mischung mit eurem Athame dreimal im Uhrzeigersinn, um sie aufzuladen.

Stellt euch mit dem Petersilienstängel und der Schale mit

warmem Heilwasser vor eure Zimmerpflanzen, euren Gemüsegarten oder eure Lieblingspflanze draußen in der Natur. Taucht die Petersilie in das Wasser und besprengt damit siebenmal eure Pflanze.

»Magischer Schauer aus Ingwer und Knoblauch,
verbanne Schwäche, schick sie hinaus.
Mit meiner Macht schenke ich diesen Trank
des liebenden Wachstums im Überschwang.
Weltweite Ernte wächst hoch und schwer,
unsere Mitmenschen hungern nicht mehr.«

Kippt das restliche Wasser draußen auf ein Stück Erde. Lasst die Kristalle über Nacht draußen oder auf einem Fenstersims liegen, um die Magie des Spruches übers Land zu tragen.

Wasser rein und klar

ZIEL DES ZAUBERS: Mit diesem Küchenhexen-Zauber erschafft ihr eine Mischung, um Trinkwasser zu reinigen und genießbar zu machen.

EMPFOHLENER ZEITPUNKT:
Vollmond

BENÖTIGTE GEGENSTÄNDE:

- Stieltopf mit Deckel
- Seihtuch
- großes Glas
- 1 geschnittene Zitrone
- Wasser

MAGISCHE ZUTATEN:

- 3 Zweige frische Minze
- 1 Tasse frische Salbeiblätter
  oder ¼ Tasse getrockneter Salbei

Zauber

Füllt euren Stieltopf mit drei Tassen Wasser und lasst es sprudelnd kochen.

Lasst die Minze in das kochende Wasser fallen und sprecht:

»Minze, wirke deine schützende Magie.«

Lasst die Zitronenstücke in das kochende Wasser fallen und sprecht:

»Zitrone, wirke deine säubernde Magie.«

Lasst die Salbeiblätter in das kochende Wasser fallen und sprecht:

»Salbei, wirke deine heilende Magie.«

Reduziert die Hitze, bis das Wasser leicht köchelt. Lasst die Mischung eine Stunde einkochen und dampfen, damit sich die magischen Eigenschaften verbinden. Wenn das Wasser fertig ist, nehmt ihr die Mischung vom Herd, seiht die Kräuter und Zitrone durch ein Seihtuch ab und lasst das Wasser ganz abkühlen. Entsorgt oder kompostiert die Kräuter und die Zitrone.

Gebt das abgekühlte Wasser in ein Glas und lasst es zum Aufladen unter dem Vollmond stehen. Bringt das magische Wasser am nächsten Tag zu einer Frischwasserquelle in eurer Umgebung, oder nutzt euren Küchenabfluss, falls das nicht möglich ist. Kippt das magische Wasser in das fließende Wasser oder den Abfluss hinein und wisst, dass seine reinigende, heilende Macht nun in das Trinkwasser des Planeten übergeht.

Luft rein und klar

ZIEL DES ZAUBERS: Dieser Zauber nutzt die Macht von Rauch, um die Luft zu reinigen und heilende Luft-Energie in die Welt zu schicken.

EMPFOHLENER ZEITPUNKT:
abnehmender Mond, Neumond

BENÖTIGTE GEGENSTÄNDE:

- Feuerzeug
- Aschenbecher
- Garn
- Backblech

MAGISCHE ZUTATEN:

- frische Salbeizweige
- frische Oreganozweige
- frische Rosmarinzweige
- 3 Tropfen Lavendelöl

Stellt ein Kräuterbündel her, indem ihr die Zweige von Salbei, Oregano und Rosmarin mit dem Garn zusammenbindet. Wickelt das Garn fest um die Kräuter, da die Kräuter beim Trocknen schrumpfen werden. Ladet euer Bündel auf, indem ihr drei Tropfen Lavendelöl auf die Spitze gebt und mit dem Finger ein Pentagramm auf das Bündel malt.

Heizt den Ofen auf 80 °C vor. Legt das Bündel auf ein Backblech und gebt es für zwei Stunden in den Ofen. Die Zeit kann variieren, überprüft gelegentlich die Kräuter. Sobald das Bündel komplett getrocknet ist, nehmt es aus dem Ofen und lasst es abkühlen. Schneidet das Garn ab – durch den Trocknungsprozess sollte euer Bündel von selbst halten. Behandelt es aber vorsichtig, denn es ist trocken und brüchig.

Geht in euer Lieblingszimmer zu Hause, ein gemütlicher Ort, der euch inspiriert und sicher fühlen lässt. Ihr braucht etwas freien Platz auf dem Fußboden. Öffnet alle Fenster und lasst frische Luft herein. Spürt, wie die Luft auf die warme Energie eures Zuhauses und eure heilenden Absichten trifft, mit denen ihr das Kräuterbündel getrocknet habt.

Macht gerne meditative Musik an. Meditiert über die Leichtigkeit von Freude und das Gefühl von Ganzheit. Entzündet das Bündel. Geht langsam im Kreis, im Uhrzeigersinn, durch den Raum mit dem brennenden Bündel in der Hand. Haltet einen Aschenbecher darunter, um gelegentlich abfallende Funken aufzufangen, und das Feuerzeug bereit, falls ihr das Bündel neu anzünden müsst. Das passiert oft, besonders wenn ihr euch zu schnell bewegt.

Zeichnet im Gehen Achten mit dem Bündel in die Luft. Acht

ist die Zahl der Transformation. Spürt ihr, wie die brennenden Kräuter das Zimmer mit der zweigeteilten Energie von leichtem Rauch und erdigem Aroma füllt? Genießt diese mächtige Energie und sendet eure heilenden Absichten mit aller Kraft durch das offene Fenster hinaus. Die aus dem Fenster steigenden Aromen und der Rauch transformieren und verbessern die Luftqualität der Welt. Habt ihr die Energie aus dem Zimmer gesendet, schließt das Fenster.

Die wilde Natur beschützen

ZIEL DES ZAUBERS: Die Menschheit ehrt und schützt Mutter Erde, indem sie Naturschutzgebiete und Naturparks einrichtet. Dieses Ritual nutzt die Energie kreativer Prozesse, um gesunde Schwingungen an unsere schützenswertesten Orte zu senden.

EMPFOHLENER ZEITPUNKT:
Vollmond

BENÖTIGTE GEGENSTÄNDE:

- starker Bastelkarton
- Fotos (etwa aus Magazinen) von Naturwundern, die euch gefallen
- Klebeband
- Filzstift
- Wattestäbchen

MAGISCHE ZUTATEN:

- 4 frische Minzblätter
- Ylang-Ylang-Öl (so viel wie benötigt)

Malt zuerst das Symbol für den Planeten Erde in die Mitte des Bastelkartons. Malt dann die Symbole der vier Elemente in die Ecken. Nehmt mit dem Wattestäbchen ein wenig Ylang-Ylang-Öl auf und zeichnet die Symbole damit nach, um ihre heilende, schützende Absicht zu versiegeln.

Gestaltet eure Collage der Schönheit der Natur. Lasst euch von den Naturwundern inspirieren, die wir bestaunen dürfen. Fühlt euch dankbar für dieses Geschenk der Erde. Befestigt die Bilder mit Klebeband auf dem Karton und nennt jedes Mal den Namen des Ortes, den ihr gerade befestigt.

Legt euer Werk ins Vollmondlicht. Versiegelt es, indem ihr je ein Minzblatt auf die einzelnen Element-Symbole legt. Am nächsten Morgen hängt ihr das Bild an eine bedeutsame Stelle in eurem Zuhause. Gebt die Minzblätter in euren Morgentee, Kaffee, Kakao oder Eistee, um die heilende, schützende Absicht darin mit euch in die Welt zu tragen.

Salz der sieben Kontinente

ZIEL DES ZAUBERS: Dieser Zauber vereint die sieben Kontinente und all ihre Bewohner in einer schützenden, heilenden Grünsalzmischung.

EMPFOHLENER ZEITPUNKT:
Vollmond

BENÖTIGTE GEGENSTÄNDE:
- Mörser und Stößel
- schwarze Tinte
- ½ Tasse Salz

MAGISCHE ZUTATEN:
- 7 getrocknete Lorbeerblätter

Zauber

Schreibt auf jedes Lorbeerblatt den Namen eines Kontinents: Afrika, Antarktis, Asien, Australien, Europa, Nordamerika, Südamerika.

Knüllt die Blätter zusammen, gebt sie in euren Mörser und fügt das Salz hinzu.

Zerreibt die Lorbeerblätter und das Salz zusammen zehn

bis fünfzehn Minuten lang. Das ist Arbeit. Die Arbeit, unterschiedliche Elemente zusammenzubringen. Und das Ergebnis ist voller Liebe und Heilung. Die Erde gibt uns alle magischen Werkzeuge, die wir brauchen, um positive Veränderungen zu bewirken, lasst uns also alle Länder in einer sich unterstützenden Gemeinschaft zusammenbringen.

Das Grünsalz ist fertig, sobald es fein zerrieben und vollständig grün ist. Alle heilenden Energien sind jetzt miteinander verbunden.

Haltet eure erschöpften Hände über die Mischung, die Handflächen nach unten, und sprecht:

»Mit Rackern und Plagen die Welt vereint,
dies Grünsalz für erdige Heilung gemeint.
Entwachse der Erde in Leidenschaft,
gemeinsam bekommen wir alles geschafft.«

Nutzt euer Grünsalz in Zaubern, mit denen ihr die natürlichen Ressourcen und die Bewohner der Erde bewahren und schützen wollt. So hab ihr die Unterstützung aller sieben Kontinente auf eurer Seite.

Blau des Ozeans

ZIEL DES ZAUBERS: Dieser Zauber sendet Heilenergie an alle fünf Ozeane und ihre Bewohner.

EMPFOHLENER ZEITPUNKT:
zunehmender Mond, Vollmond

BENÖTIGTE GEGENSTÄNDE:

- 5 kleine Gläser oder Schalen
- 1 leeres Fischglas, Wasserkaraffe, Blumenvase oder anderer großer Glasbehälter
- 2 Tassen Wasser
- blaues Band

MAGISCHE ZUTATEN:

- 1 Rosmarinzweig
- 1 Fluorit-Kristall
- 5 Tropfen Weihrauchöl

Zauber

Verteilt die zwei Tassen Wasser gleichmäßig auf die fünf kleinen Gläser und Schalen. Gebt in jede Schale einen Tropfen Öl. Sprecht, während ihr das tut, den Namen jeweils eines Ozeans, um seine Aufmerksamkeit zu erregen: Pazifik, Atlantik, Indischer Ozean, Südpolarmeer, Nordpolarmeer.

Legt den Fluorit in die Mitte des Bodens des großen Glasbehälters. Kippt nacheinander das Wasser aus den kleinen Schalen in den großen Behälter und nennt dabei erneut den jeweiligen Namen des Ozeans. Beobachtet bei jeder Schale, wie ihr Wasser sich mit den anderen vermischt, während der Fluorit sie alle berührt. Seht, wie alle unsere Ozeane verbunden sind und auf die Macht des Einzelnen angewiesen sind, um zu heilen.

Bindet das blaue Band fest um den Rand des Behälters. Macht fünf Knoten, um das Band zu versiegeln, und nennt bei jedem Knoten erneut den Namen eines der Ozeane.

Schließlich besiegelt ihr die heilende Absicht der Mischung, indem ihr mit dem Rosmarinzweig fünfmal ein Pentagramm in das Wasser zeichnet. Stellt den Behälter an ein sonniges Fenster und lasst ihn stehen, bis das Wasser verdunstet ist. Die magische Energie, die ihr geschaffen habt, ist in den Himmel zurückgekehrt, um als Regen in die Ozeane zu stürzen und diese zu heilen.

Die Erde von Überflutungen heilen

ZIEL DES ZAUBERS: Mit diesem Zauber könnt ihr die Schäden heilen, welche die Erde durch Überflutungen erlitten hat, und den Planeten wieder ins Gleichgewicht bringen.

EMPFOHLENER ZEITPUNKT:
Vollmond, abnehmender Mond

BENÖTIGTE GEGENSTÄNDE:
- Schale mit trockener Erde
- Athame
- Schüssel mit Wasser
- großer Schwamm

MAGISCHE ZUTATEN:
- ½ Teelöffel Knoblauchpulver
- ½ Teelöffel Kurkumapulver
- 3 Tropfen Pfefferminzöl
- 3 Tropfen Eukalyptusöl

Vermischt mit dem Athame den Knoblauch und das Kurkuma mit der Erde, indem ihr siebenmal im Uhrzeigersinn durch die Mischung fahrt.

Vermischt mit dem Athame die Öle mit dem Wasser, indem ihr siebenmal im Uhrzeigersinn durch die Mischung fahrt.

Taucht euren Schwamm in das magische Wasser. Seht, wie das Wasser aufgesogen wird.

Transportiert das Wasser hinüber zu der Schale mit magischer Erde und drückt das ganze Wasser aus dem Schwamm in die Erde. Meditiert dabei, dass die Erde empfangsbereit für Wasser ist. Wiederholt diesen Vorgang siebenmal.

Verteilt die Erde unter euren Zimmerpflanzen und im Garten, oder behaltet sie in einem Glas, damit ihre Energie an die von Überflutungen betroffenen Gebiete wandern kann.

Die Erde von Flächenbränden heilen

ZIEL DES ZAUBERS: Dieser Zauber weckt die Macht von Wasser, Erde und menschlicher Hilfe, um Flächenbrände zu beruhigen und verbrannte Erde zu heilen.

EMPFOHLENER ZEITPUNKT:
Neumond, zunehmender Mond

BENÖTIGTE GEGENSTÄNDE:

- 3 Kerzen
- Feuerzeug
- kleine Schale mit Wasser
- kleine Schale mit Salz oder Erde
- leeres Glas mit Deckel

MAGISCHE ZUTATEN:

- ½ Teelöffel Kamille
- Rauchquarz-Kristalle

Zauber

Reiht die drei Kerzen von links nach rechts auf eurem Altar auf.

Stellt die Schale mit Wasser vor die erste Kerze, die Schale mit Salz vor die mittlere Kerze und das leere Glas mit Deckel vor die dritte Kerze.

Konzentriert euch und zapft die Energie des Flächenbrands an, indem ihr nacheinander die Kerzen entzündet.

Löscht die erste Kerze, indem ihr ihre Flamme in die Schale mit Wasser taucht, und sprecht:

»Möge heilendes Wasser fallen
und Wasser fließen,
gelöschtes Feuer, geheilte Erde,
Flora wird sprießen.«

Löscht die zweite Kerze, indem ihr die Flamme in das Salz taucht, und sprecht:

»Möge die Erde der Flamme widerstehen,
seht, wie ich verbrannte Erde wegwasche,
heilt die Wälder, beruhigt die Dschungel,
neuer Frühling erwächst aus kalter Asche.«

Kippt das Salz und das Wasser in das leere Glas. Gebt die Kamille und den Rauchquarz-Kristall in das Glas.

Löscht die dritte Kerze, indem ihr sie auspustet. Fangt den Rauch in dem Glas voller Salz und Wasser ein und schließt schnell den Deckel. Sprecht:

»Wie mein Atem die tanzende Flamme erlosch,
soll menschliches Handeln retten den Tag,
lasst gemeinsam unsere Mutter Erde heilen,
so soll es ein, es soll sein, wie ich sag.«

Schüttelt den Inhalt des Glases dreimal und stellt es unter den Vollmond, um es ganz aufzuladen. Kippt am Morgen den Inhalt wieder auf die Erde. Legt den Kristall in eine frische Schale mit Wasser, um ihn von der absorbierten Energie zu reinigen, mit der er die Erde vom Flächenbrand geheilt hat.

Die Erde von Dürre heilen

ZIEL DES ZAUBERS: Dieser Zauber hilft, von Dürre betroffene Flecken der Erde zu heilen.

EMPFOHLENER ZEITPUNKT:
zunehmender Mond

BENÖTIGTE GEGENSTÄNDE:

- runder Stein oder Bergkristall
- kleine Schale

MAGISCHE ZUTATEN:

- ½ Tasse getrocknete Kamille
- 3 Tropfen Bergamotteöl

Zauber

Beginnt diesen Spruch in der Phase des zunehmenden Mondes.

Legt die Kamille in die kleine Schale und zeichnet mit dem Finger das Wasser-Symbol in die Kräuter, um sie mit Wasser-Eigenschaften aufzuladen.

Nehmt euren runden Stein oder Bergkristall, der die Erde verkörpert.

Haltet ihn behutsam in den Händen und schließt diese vorsichtig um ihn. Sprecht:

»Mutter Erde, dein Durst ist erkannt.
Gegen den Schmerz mit Liebe bewehrt,
eilender Regen auf dorrendes Land,
deine Böden erfrischt, deine Fauna genährt.«

Legt den Stein in die Schale mit der Kamille und bedeckt ihn mit Kamille. Salbt die Mischung mit drei Tropfen Bergamotteöl, um die wasseranziehende Absicht zu besiegeln. Lasst die Schale bis zum Vollmond neben einem Fenster im Mondlicht stehen.

Wenn der Vollmond gekommen ist, nehmt ihr den Stein aus seinem Kamillebett und bringt ihn zu einem fließenden Gewässer. Werft den Stein ins Wasser und lasst das Wasser seine Energie in die von Dürre betroffene Region tragen. Falls ihr keinen Zugang zu einem Ozean, See, Bach oder Fluss habt, könnt ihr den Stein auch in einen Gully werfen oder in eurem Garten mit dem Gartenschlauch abspritzen. Das Ziel ist, die Macht des Wassers, die ihr in dem Stein gesammelt habt, auf ihren heilenden Weg zu schicken.

Magischer Kürbisplanet

ZIEL DES ZAUBERS: Erschafft diesen Kürbis als ein Leuchtfeuer voll heilendem Licht für den Planeten.

EMPFOHLENER ZEITPUNKT:
Vollmond, Samhain

BENÖTIGTE GEGENSTÄNDE:

- Athame oder Tranchiermesser
- Kürbis
- Kerze
- Feuerzeug

MAGISCHE ZUTATEN:

- Aventurin-Kristalle
- Zedernholzöl (so viel wie benötigt)

Zauber

Schneidet den Kürbis auf, indem ihr am oberen Ende einstecht und um den Stiel herum schneidet, sodass ihr ihn herausziehen könnt. Entfernt das Fruchtfleisch vom Deckel und legt ihn beiseite. Kratzt das Fruchtfleisch aus dem Kürbis und gebt es zum Kompost. Stellt euch dabei den Kürbis als Planeten Erde vor. Eure Absicht ist, alle Energien zu vertreiben, die die Erde vom Heilen abhalten.

Schneidet heilende Symbole in euren Kürbis. Vielleicht das Symbol für den Planeten Erde. Vielleicht lieber ein Pentagramm, ein Herz oder eine Sigille, die ihr selbst entworfen habt. Werdet einfach kreativ!

Sobald ihr mit dem Verzieren fertig seid, salbt ihr eure Kerze mit dem Zedernholzöl und stellt sie in die Mitte des Kürbisses. Legt Aventurine um die Kerze herum.

Wenn ihr so weit seid, entzündet eure Kerze, legt den Deckel wieder auf und sprecht:

»Frucht der Erde, rund und schwer,
dien meinem Wunsch für Mutter Erd.
Ich hab dich liebevoll gestylt,
damit dein Licht die Erde heilt.
Von Osten, Westen, Süd und Nord,
auf Berg, in Wüsten und im Fjord,
in Schluchten tief und Meeren weit,
erstrahlt dein Licht in Herrlichkeit.«

Eure Kürbislaterne strahlt helles, heilendes Licht über die ganze Welt aus.

Gruppenzauber zur Heilung der Erde

ZIEL DES ZAUBERS: Dieser Zauber nutzt die machtvolle Energie einer entschlossenen Gruppe, um heilende Energie für Mutter Erde zu erschaffen.

EMPFOHLENER ZEITPUNKT:
Vollmond

BENÖTIGTE GEGENSTÄNDE:

- großer Apfel
- Schüssel und ein kleiner Löffel
- Schälmesser
- Athame
- 7 Kerzen
- Feuerzeug

MAGISCHE ZUTATEN:

- 2 Esslöffel Zimt
- 1 Aventurin-Kristall
- 1 Bergkristall

Zauber

Versammelt alle Mitglieder der Gruppe um einen Tisch.

Stellt die Schüssel in die Mitte des Tischs. Gebt den Zimt in die Schüssel und legt den Apfel darauf. Legt die Kristalle zu beiden Seiten neben den Apfel. Stellt die sieben Kerzen um die Schüssel herum auf.

Sobald ihr fertig seid, sollte die leitende Person um Ruhe bitten und die Konzentration der Gruppe auf den Apfel in der Schale lenken. Die Leitung sollte darauf hinweisen, dass der Apfel die Erde verkörpert, der Zimt der Erdung und einem erfolgreichen Zauber dient und die Kristalle für grüne Heilung stehen.

LEITUNG:
»Sieben Kerzen heute Nacht,
sieben Kerzen heut entfacht.
Magie auf allen sieben Kontinenten
wir zu Flora und zu Fauna senden.
Magie auf sieben Weltenmeeren,
damit wir Meerestiere ehren.«

Die Leitung entzündet die sieben Kerzen.

LEITUNG:
»Heilenergie erwacht,
indem dies Feuer wir entfacht.
Brenne stark und hell und weit,
für Heilung wird's auf Erden Zeit.«

Die Leitung nimmt den Apfel aus der Schüssel.

LEITUNG:
»Apfel rund und heilsam,
stellst für uns die Erde dar.
Mit sicherer Hand wir halten dich,
deine heilende Liebe währt ewiglich.«

Die nächste Person nimmt den Apfel in die Hand, hält ihn an ihr Herz und wiederholt den Spruch:

»Apfel rund und heilsam,
stellst für uns die Erde dar.
Mit sicherer Hand wir halten dich,
deine heilende Liebe währt ewiglich.«

Das wiederholt jede Person am Tisch.

Kommt der Apfel wieder bei der Leitung an, hebt diese ihn hoch und spricht:

»Die Macht dieser Gruppe
steht bereit,
die Erde sei
von Krankheit befreit.«

Die Leitung schält den Apfel, um negative Energie abzulegen.

Die Leitung zerschneidet den Apfel mit dem Athame so, dass alle Teilnehmenden ein Stück bekommen.

Die Teilnehmenden können mit dem Löffel etwas Zimt auf den Apfel geben, wenn sie mögen.

LEITUNG:
»Die Gruppe nun ihr Mahl begrüßt,
den Apfel hier, machtvoll und süß.
Erde, Dank für dies Geschenk,
der Natur Wert eingedenk.
Nah und fern, Wald, Meer und Stein,
heilen wir den Planeten,
so soll es sein.«

ALLE:
»So soll es sein.«

Esst den Apfel, um den Spruch für Erdenheilung zu besiegeln.

Durch die Macht des gemeinsamen Gruppenwillens wird die magische Heilung über den Planeten verteilt und bewirkt langfristige, positive Veränderung.

Abschliessende Gedanken

Heilende Witchcraft ist ein wunderschöner, liebevoller Prozess und wert, dass man ihr sein Leben widmet. Ich hoffe, dass ihr euch diesem Buch immer wieder dann widmen werdet, wenn eure Heilarbeit vor Hürden steht. Heilende Witchcraft ist außerdem eine persönlich äußerst wirkungsvolle Angelegenheit. Nutzt diese Sprüche als Grundlage, auf der ihr eure eigene, einzigartige Art aufbaut, die Welt zu verbessern. Je authentischer die Arbeit der Hexenden ist, desto machtvoller wird das Ergebnis. Lasst uns also voller Stolz unsere heilende Berufung annehmen und voller Stolz Magie anwenden. Ziehen wir los und zeigen wir, was unsere Magie bewirken kann.

GLOSSAR

Witchcraft bringt ihre eigenen Namen und Bezeichnungen für manche Dinge mit sich. Hier sind ein paar Ausdrücke, die in der Witchcraft gängig sind und euch auch in diesem Buch begegnen, und ihre Bedeutungen.

ABSICHT: Konzentrierte Willenskraft, um ein bestimmtes Ergebnis zu erzielen.
ANRUFUNG DER ELEMENTE: Ein Ritual zu Beginn eines Zaubers, mit dem man die Kräfte der vier Himmelsrichtungen und Elemente zu sich ruft.
ASPERGES: Das Besprengen oder Besprenkeln mit Wasser.
ATHAME: Ein rituelles Messer.
AUFLADEN: Der Prozess, bei dem ein Objekt – meistens ein Kristall – zu seiner vollen Macht gebracht wird.
BUCH DER SCHATTEN: Die Sammlung eines Hexenden mit magischen Rezepten und Wissen.
CHAKRA, CHAKREN: Ein Ausdruck aus dem Sanskrit, der die sieben Energiezentren im menschlichen Körper meint.
DRITTES AUGE: Ein Ausdruck für die Zirbeldrüse hinter der Stirn, ein Zentrum für Intuition und die Wahrnehmung von Dingen außerhalb des Alltäglichen.
ERDUNG: Eine beruhigende Praxis, die unseren Geist mit unserem Körper und der Erde verbinden soll.
JAHRESRAD: Acht Sabbate (Feiertage), die das Jahr der Hexenfeste wiedergeben.

KELCH: Ein zeremonieller Becher, verkörpert das Element Wasser.

MISCHUNG: Mit einer gezielten Absicht zusammengerührte Zutaten, deren kombinierte magische Eigenschaften eine Veränderung hervorrufen.

MÖRSER UND STÖSSEL: Eine Schale (Mörser) und ein dicker, kurzer Stab mit abgerundetem Ende (Stößel), die man zum Zerreiben von Pflanzen und Kräutern nutzt.

PENTAGRAMM: Ein fünfzackiger Stern, der vier Elemente und die Seele verkörpert und magische Proportionen besitzt.

POPPET: Ein Abbild oder eine Puppe, welche für manche Zauber eine andere Person verkörpert.

PRAXIS: Praxis ist das Gegenteil von Theorie und bringt neben Wissen auch Weisheit mit sich.

RITUAL: Eine vorgegebene Reihe von magischen Abläufen, mit denen eine bestimmte Energie geehrt oder herbeigerufen wird. Dient eher der inneren Ausrichtung, Säuberung oder Verstärkung als einer Veränderung.

SÄCKCHEN: Ein kleiner Beutel mit Kräutern oder anderen magischen Zutaten, der Energie anzieht.

SALBEN: Rituelles Einreiben mit Öl.

SIGILLE: Ein Symbol, das man zeichnet, um im Zuge von Zaubern eine Idee oder eine Einheit zu verkörpern.

SYMPATHISCHE MAGIE: Magie, die man zum Nutzen einer anderen Person oder Einheit anwendet.

TALISMANE: Talismane sind Gegenstände, oder Gruppen von Gegenständen, die eine bestimmte Form von Energie verkörpern. Talismane ziehen die Energie dessen an, woraus sie bestehen.

VERKÖRPERUNGEN: Die metaphysische Eigenschaft eines Objekts, welche dieselbe Energie besitzt wie die Absicht des gerade genutzten Zaubers.

ZAUBER: Gezielte, absichtsvolle Magie. Soll mithilfe konkreter Schritte oder Methoden Energien umleiten oder beeinflussen, um etwas zu verändern.

ZAUBERSPRUCH: Vorgegebene Sätze, die man während eines Zaubers spricht, um magische Macht auszuüben.

QUELLEN

GEBURTSHOROSKOP, MYERS-BRIGGS, ENNEAGRAMM: Ihr könnt kostenlose Geburtshoroskop-Rechner und Persönlichkeitstests und entsprechende Literaturtipps im Internet finden.

Faustformel: Lieber keine Schnelltests, sondern ausführliche mit über 100 Fragen und einer möglichst differenzierten Auswertung.

Zitat auf S. 12 aus: Ray Bradbury: Trinkt Entire: Gegen den Massenwahnsinn, in: »Lange nach Mitternacht«, Zürich: Diogenes, 1997, S. 140. Übersetzung: Christa Schuenke

DANKSAGUNGEN

Mein ewiger Dank gilt den Energien, die mich dazu geführt haben, dass dieses Buch Wirklichkeit wurde, und diese Energien ruhen in all jenen, die mich dabei unterstützt haben. Manifestation wirkt am besten, wenn es eine Gruppenleistung ist, und ich habe das Glück, von den besten Menschen umgeben zu sein.

Für meinen Mann, Mike. Du versüßt die Siege, linderst die Enttäuschungen, hältst mich in der Spur und liebst mich ohne Grenzen. Danke, dass du mich jeden Tag heilst. Du bist die größte Magie in meinem Leben.

Für meine Kinder, Grayson und Jack. Möget ihr eine geheilte Welt kennen. Möget ihr andere immer erheben und immer wissen, dass ihr jederzeit nach Hause kommen könnt, um euch zu erden. Möget ihr den Weg erleuchten, aber einen Platz für das Dunkel bewahren. Möget ihr stark werden und für das Gute einstehen. Mama liebt euch.

Für meine Eltern. Dank euch, eurer Liebe, eurem Überfluss und dem wunderbaren Leben, das ihr beide gemeinsam aufgebaut habt, bin ich heute hier und folge ohne Furcht meinem Lebensweg als Hexe. Ich kann mir kein besseres Ziel für Eltern vorstellen, als den eigenen Kindern eine Umgebung zu schaffen, in der sie ihr wahrstes, authentischstes, glücklichstes Selbst sein können. Das ist euch hundertfach gelungen. Ich danke euch. Gott segne euch. Ich liebe euch.

Für Kathy, Michelle und Mike. Ich bin so dankbar für unseren Wahnsinn. Danke, dass ihr in meinem Wunderbare-Menschen-Club seid.

Für meine Freunde, vor allem die Madmoms, KNC, Knotties, Grampa Dave, Natalie, Skelly, Laura und auch Spike. Eure Liebe, euer Lachen und eure Unterstützung sind der Grund für ein Leben voller unbezahlbarer Abenteuer, Lektionen und Erinnerungen. Oh yeah, all right, take it easy, baby, make it last all night.

An meine hexenden Unterstützerinnen, vor allem Louisa, Briony und Josie. Ihr Hexen lasst mein Herz vor Magie singen.

Und für das gesamte Witch-With-Me-Netzwerk. Ihr seid meine endlose Inspiration.

Für mein Team bei Penguin Random House. Ihr seid einfach die Besten. Meg Ilasco, Debbie Reyhan und vor allem Susan Randol. Danke, dass ihr diese »grüne« Hexe durch den Prozess begleitet habt und dieses Buch dorthin gebracht habt, wo es sein muss, um die Welt zu heilen.

Für Gran E, Nanny, Poppop, Tante Helen und Holmie. Ich spüre euch immer bei mir. Ich hoffe, ihr seid stolz auf mich.

ÜBER DIE AUTORIN

MEG ROSENBRIAR ist praktizierende Hexe, spezialisiert auf Energieheilung, Kräuterkunde, Tarot, Yoga und Numerologie. Sie ist Mitbegründerin von »Witch with me«, einem Forum von Hexen für Hexen zum Austauschen und Bewahren authentischer Hexenkunst. Sie lebt mit ihrem Mann und zwei Söhnen in Connecticut.

LIEBE*R LESER*IN,

wir hoffen sehr, dir hat das Buch gefallen und würden uns freuen, wenn du eine Rezension bei deinem liebsten Online-Händler schreibst.

Hast du Fragen, Wünsche oder Anregungen? Dann schreibe gerne an yuna@penguinrandomhouse.de.

Viele Grüße
YUNA